# 10 secrets pour être une

# Maman heureuse

Meagan Francis
et les rédacteurs de *Parenting* magazine

# Le bonheur est à portée de main

Suis-je heureuse d'avoir eu des enfants? Bien sûr! Je les aime plus que les whippets et Orlando Bloom réunis, quoique... Suis-je plus heureuse depuis que j'ai des enfants? Plus difficile de répondre à cette question. Mes enfants m'apportent de grandes joies, c'est indéniable, mais les tracas de la vie de mère : lacets cassés, sandwichs sans croûte, heures passées à réconforter ma fille de six ans parce que sa grande sœur lui a dit que nous avons tous un squelette à l'intérieur de nous – me donnent parfois l'impression que le bonheur est cette pomme inaccessible qui brille tout en haut du pommier.

C'est pourquoi, lorsque j'ai rencontré Meagan Francis, j'ai immédiatement su qu'elle était unique. Imaginez un peu : cette mère de cinq enfants est devenue plus heureuse à mesure que sa famille s'agrandissait. Alors quand nous, les éditeurs du magazine *Parenting*, avons décidé de mettre au monde cet ouvrage avec elle, nous avons rapidement réalisé qu'elle était en train de créer quelque chose de spécial : la prochaine étape, dans l'évolution des écrits sur l'art d'être parent. Le peu de livres pour nos grands-mères et nos mères en la matière étaient fondés sur l'autoritarisme. De l'apprentissage de la propreté au contrôle des crises de colère, il n'y avait qu'une seule façon de tout faire. Si vous suiviez les règles, la vie serait parfaite et vos enfants aussi. Si vous ne les suiviez pas, vous auriez de sales gamins et, du même coup, la société vous mépriserait. (Savez-vous qu'il fut une époque où les mères qui allaitaient étaient qualifiées de bêtes curieuses? Et que plus tard ce sont celles qui ne le voulaient pas qui furent ainsi qualifiées?)

Il n'est donc pas surprenant qu'au cours de la dernière décennie des mères soient sorties de l'anonymat pour rédiger des livres sur les dimensions désagréables de l'éducation des enfants. Les témoignages de ces femmes ont aidé bien des mamans à se sentir moins seules. Mais élever des enfants est-il horrible en permanence ? Si c'était le cas, la race humaine ne se serait-elle pas éteinte depuis belle lurette ?

Meagan Francis sait que la vérité sur la maternité se situe à mi-chemin entre le paradis et l'enfer.

Nous, les éditeurs du magazine *Parenting*, n'avons jamais cru qu'il faille être une mère parfaite pour être une mère heureuse, pas plus d'ailleurs que Meagan Francis.

**Vous ferez des erreurs.**
**Mais ne pas vous les pardonner serait inexcusable.**

Quel est donc son secret ? Je vous le livre dès maintenant : il suffit de toujours se rappeler qu'être maman est quelque chose d'incroyablement spécial. Chemin faisant, vous pouvez mettre en pratique quelques trucs étonnamment simples pour vous libérer des soucis et de la frustration inutiles. Imaginez que chaque étape représente un barreau d'une échelle appuyée contre le grand pommier du bonheur. Une vie plus douce est à portée de votre main !

Deborah Skolnik
Rédactrice en chef de *Parenting*

introduction

# Des mamans comblées font des enfants heureux

Les mamans excellent à regarder leurs rejetons batifoler tout en gardant l'œil ouvert pour voir si une épidémie ne se pointerait pas à l'horizon, qu'il s'agisse de poux à l'école ou d'une grippe particulièrement virulente qui sévit parmi les gamins du voisinage. Pendant ce temps, de nombreuses mamans sont elles-mêmes victimes d'une épidémie non moins redoutable : la tristesse.

Saviez-vous que, en moyenne, les personnes ayant des enfants sont 7 % moins satisfaites que celles qui n'en ont pas ? De nombreux parents disent qu'ils sont plus heureux d'aller faire leurs emplettes que de jouer avec leurs enfants ! Depuis la sortie de mon livre *Raising Happiness: 10 Simple Steps for More Joyful Kids and Happier Parents*, j'ai rencontré tellement de mères malheureuses que j'en suis venue à la conclusion que beaucoup de mamans aiment leurs enfants, mais pas vraiment leur propre vie.

Il n'y a jamais eu autant de pression sur les parents à «produire» des enfants exceptionnels (souvent en conjuguant emploi exigeant, contraintes d'argent et de temps). Mais, bonne nouvelle, il existe des stratégies simples qui peuvent rendre vos journées plus calmes et plus satisfaisantes.

Il suffit de considérer le bonheur comme une aptitude – ou un ensemble d'aptitudes – plutôt que comme un trait de caractère inné. Créer son bonheur, c'est comme vouloir parler couramment une langue étrangère. On doit trouver un bon professeur et un manuel alléchant. Ensuite, il faut mettre en pratique, encore et encore.

Meagan Francis va vous servir de professeure qualifiée. Chapitre après chapitre, les leçons qu'elle enseigne sont amusantes et agréables. Vous apprendrez ainsi, lentement mais sûrement, à être une maman plus heureuse en allégeant vos tâches (qu'est-ce que ça peut faire si votre gamin est parti à l'école avec un t-shirt froissé?), en rangeant (juste assez pour ne pas devenir folle) et en vous débarrassant des objets superflus qui vous dépriment.

Vous pensez que vous occuper de votre bonheur serait égoïste? Que mettre l'accent sur vous accaparera trop de votre temps et de votre attention? Court-circuitez illico ce sentiment de culpabilité en voyant les choses sous l'angle suivant. Il existe une excellente raison pour laquelle vous devez mettre l'accent sur votre propre bonheur: pour le bien de vos enfants.

**Le bonheur peut être délicieusement contagieux et vos enfants sont souvent les premiers à être contaminés.**

Si vous veillez bien sur vous-même, vos enfants vont vous imiter. De ce fait, il est probable qu'ils soient eux-mêmes plus heureux en tant qu'enfants et plus tard en tant qu'adultes. Avant même d'avoir une semaine, les bébés commencent déjà à imiter leurs parents. C'est d'ailleurs de cette façon qu'ils apprivoisent les émotions. Les études scientifiques démontrent clairement que les émotions des gens ont tendance à se syntoniser, c'est-à-dire que plus des êtres passent du temps ensemble, plus ils se ressemblent sur le plan émotionnel. Ainsi, plus leurs parents sont heureux, plus les enfants sont portés à l'être eux aussi.

Malheureusement, nos enfants imitent également les émotions négatives de leurs géniteurs. Et une femme sur cinq souffrira d'une forme de dépression au cours de sa vie, la plupart du temps entre l'âge de 25 et 44 ans et surtout lorsqu'elle est enceinte ou en période postnatale, deux phases où la femme est particulièrement vulnérable.

Si vous êtes triste ou anxieuse en permanence, il faut absolument consulter un professionnel, pour votre bien et donc pour celui de votre famille. Les mères qui souffrent d'une dépression ont tendance à être moins réceptives aux besoins de leurs enfants, à être moins aptes à corriger leurs comportements négatifs et à moins encourager leur croissance émotionnelle en jouant avec eux. Des études ont montré que l'anxiété peut elle aussi déteindre sur les enfants. La bonne nouvelle, c'est que si vous devenez une personne plus heureuse, vous deviendrez aussi une mère plus comblée. Les émotions positives nous aident à mieux écouter et à résoudre les problèmes de façon plus créative. Ce qui nous rend plus chaleureuses envers nos enfants et plus ouvertes à eux.

En fait, quand vous vous sentez bien, un grand nombre de choses s'accomplissent plus facilement. En général, les gens heureux réussissent mieux que les gens malheureux, aussi bien dans leur vie amoureuse que dans leur vie professionnelle. Leur rendement au travail est meilleur, les emplois qu'ils occupent sont plus prestigieux et ils ont des salaires plus élevés. Ils sont plus portés à se marier et, ils ont davantage tendance à être satisfaits de leur union.

Les gens heureux ont également tendance à être plus en santé et à vivre plus longtemps. Dans sa recherche révolutionnaire sur la positivité, la psychologue américaine Barbara Fredrickson a découvert que les émotions positives :

• élargissent notre champ de pensée, nous rendant ainsi plus flexibles, plus aptes à voir la situation dans son ensemble et plus créatifs ;

• s'accumulent et se renforcent avec le temps, elles nous rendent meilleurs parce qu'elles nous confèrent les ressources dont nous avons besoin, comme la force, la sagesse et l'amitié ;

• sont l'ingrédient le plus important pour assurer la résilience dans les moments difficiles. Les émotions positives aident le corps et l'esprit à composer avec le stress, les défis et les émotions négatives.

Si vous êtes un modèle de bonheur, vos enfants ne pourront qu'adopter cette attitude, qui leur permettra de mener une vie positive, autant dans son déroulement que dans la perception qu'ils en auront.

**Être heureuse dans le moment présent et non pas une fois que les enfants seront grands, que la maison sera payée... n'est pas une mince affaire.**

Entre-temps, vous bénéficierez quotidiennement des bienfaits découlant du simple fait de considérer les choses du bon côté. Il faut apprendre à être heureuse dans le moment présent et non pas une fois que les enfants seront grands, que la maison sera payée... Vous méritez d'avoir du plaisir à élever vos formidables marmots.

Amusez-vous à devenir plus heureuse !

Christine Carter, PhD
Auteure de *Raising Happiness: 10 Simple Steps for More Joyful Kids and Happier Parents*

# 1

## suivez la voie de la facilité

Êtes-vous une mère heureuse? Croyez-vous pouvoir prononcer le mot *bonheur* sans qu'il soit synonyme d'anniversaire, de *piñata* ou de grand ménage printanier enfin terminé? Voulez-vous être une mère plus heureuse? Qui ne le voudrait pas, hein?

Avoir un bébé et élever des enfants sont des expériences qui changent la vie. La maternité présente des défis. C'est frustrant, c'est épuisant. Parfois, cela vous donne envie de vous recroqueviller en position fœtale et d'appeler votre mère à la rescousse.

Mais nous pouvons apprendre à composer avec les difficultés, à laisser aller les choses qui importent peu et ainsi apprécier notre vie de mère. Oui, nous pouvons vraiment être des mamans heureuses. J'espère que ce livre vous aidera à devenir l'une d'elles.

Je n'ai pas toujours été la mère la plus heureuse du quartier. Lorsque mes deux plus vieux étaient petits, je rêvais de m'enfuir du cirque que ma maison était devenue pour m'engager dans la garde côtière. En fait, dans n'importe quel groupe qui aurait bien voulu de moi! Chaque décision à prendre pesait si lourd dans mon esprit! Et si j'avais fait le mauvais choix? Alors que mon mari et moi avions décidé d'ajouter d'autres enfants à notre famille (cinq en tout), quelque chose de surprenant s'est produit. Au lieu de devenir plus malheureuse, plus stressée et plus anxieuse, je suis devenue plus heureuse, plus détendue et plus assurée. En y allant à tâtons, et grâce aux hauts et bas normaux d'une famille grandissante et de ses besoins, j'ai mis au point quelques stratégies – certaines évidentes, d'autres inattendues qui m'ont aidée à faire pencher la balance du côté «bonheur».

J'explique dans ce livre ce que j'ai appris au fil des ans. Je vous transmets aussi les avis recueillis par les rédacteurs du magazine *Parenting*, ainsi que les suggestions de leurs lecteurs. J'ai regroupé ces informations en 10 secrets. Le premier, qui sert de fondement à tous les autres, est celui-ci : *Il n'y a aucun mal à suivre la voie de la facilité.*

Il est vrai que lorsque nous sommes maman nous ne nous facilitons pas la tâche. Peut-être que nous passons des heures à cuisiner parce nous adorons cela. Nous choisissons parfois la voie la plus ardue au lieu de la plus simple parce que cela rendra les choses plus faciles à la longue, comme apprendre tôt à nos enfants à lacer leurs chaussures afin de ne plus avoir à le faire à leur place cinq fois par jour, jusqu'à ce que l'on trouve des chaussures qui se ferment avec des Velcro !

Qu'il s'agisse de confectionner les vêtements de vos enfants ou de réaliser vous-même votre table de pique-nique, si tout ce que vous faites «à la dure» vous procure de la satisfaction et de la joie, je ne vous ferai pas de reproches. Je suis une femme qui a vraiment aimé laver et plier des couches non jetables. Cela a fait mon bonheur !

**Nous pouvons apprendre à composer avec les difficultés, à laisser aller les choses qui importent peu et ainsi apprécier notre vie de mère.**

Certaines choses vous semblent-elles plus difficiles qu'elles ne le devraient ? Si vous vous surprenez à préparer à votre enfant un en-cas digne d'un hôtel quatre étoiles alors qu'un sandwich au beurre d'arachide et à la confiture le satisferait pleinement,

## { Entre mamans }

ou encore si vous persistez à vouloir traîner votre bambin dans une bibliothèque bondée alors que vous pourriez tous deux tranquillement lire un livre sur votre lit, vous pourriez envisager de remettre ces activités en question.

Je dois admettre que j'ai parfois fait les choses d'une certaine façon pour faire bonne impression sur les autres mères (ou du moins pour ne pas avoir l'air d'une nulle). Comme la fois où j'ai confectionné des biscuits santé sans sucre au lieu d'apporter des craquelins. J'aurais tout aussi bien pu arriver avec un régime de bananes ; cela aurait été tout aussi sain et aurait exigé moins de temps !

Rappelez-vous ceci : ce n'est pas parce qu'il nous est techniquement possible de réaliser quelque chose (tailler les minuscules ongles de votre nouveau-né ou aider votre fille à faire un volcan avec des cure-dents, des bandes de fruits séchés et du bicarbonate de soude...) que nous devons forcément le faire ! À bas le mythe de la « supermère » !

Lorsque nous nous penchons de plus près sur nos motivations et que nous éliminons tout ce qui nous pompe inutilement de l'énergie, nous pouvons alors nous concentrer sur les choses qui importent vraiment.

**Si une chose vous semble difficile chaque fois que vous l'entreprenez, demandez-vous si un peu de réflexion ne pourrait pas la rendre plus facile.**

Nous allons jeter un coup d'oeil à quelques-unes des raisons qui vous font transpirer pour rien. Faites le quiz à la page 16 afin d'identifier tout ce qui vous fait ralentir, et pourquoi il est normal de choisir l'itinéraire le plus simple. Ensuite, lisez les chapitres à venir, il vous aideront à devenir plus efficace.

# Qu'est-ce qui compte pour les mamans?

Personne d'autre ne connaît mieux la réponse à cette question que *Parenting*. Ce magazine a créé partout aux États-Unis des groupes qui réunissent des jeunes mères qui viennent d'avoir leur premier enfant, des mères expérimentées, des mères célibataires et des mères heureuses en mariage. Surnommé le *MomConnection* (Rendez-vous des mamans), ce regroupement en avait long à dire lorsque le magazine *Parenting* a entrepris un sondage et demandé ce qui faisait sourire ses membres.

Plus de 1 000 mamans ont ainsi fait état de leur satisfaction ou insatisfaction sur plus de 60 aspects de leur vie. Selon leurs réponses, les cinq premiers facteurs qui font toute la différence dans le bonheur d'une mère sont :

- une relation solide avec son conjoint (ou, dans le cas des mères célibataires, une vie amoureuse satisfaisante) ;

- une vision positive du futur ;

- la certitude de rendre ses enfants heureux ;

- se sentir appréciée pour les tâches accomplies à la maison et au travail ;

- un réseau de soutien solide (famille et amis).

# Q/R

## Qu'est-ce qui vous motive ?

**Qu'est-ce qui vous limite ? Qu'est-ce qui vous déprime ? Faites le test et découvrez la première étape à franchir vers la liberté !**

1 *Aux moments les plus frustrants de votre vie de mère, comment vous sentez-vous généralement?*

   **a.** Incertaine. Vous voulez faire les bons choix, mais vous doutez de ceux que vous faites.

   **b.** Fatiguée. Les enfants représentent beaucoup de travail et vous avez mis la barre haute.

   **c.** Dépassée. Vous n'arrivez plus à suivre et encore moins à prendre de l'avance.

   **d.** En colère. Personne ne semble se préoccuper de ce que vous voulez.

   **e.** Seule. Personne n'est là pour assumer la moitié des responsabilités.

2 *Laquelle des situations suivantes est la plus susceptible de se produire dans votre foyer?*

   **a.** Votre gamin de trois ans ne semble pas prêt à faire l'apprentissage de la propreté et la responsable de la garderie vous met la pression.

   **b.** Il est minuit, la veille du spectacle auquel doit participer votre fille, et vous êtes en train de coudre des paillettes sur son costume (que serait une petite sirène sans une queue qui scintille?).

   **c.** Vous devez fournir le certificat de naissance officiel de votre fille pour l'inscrire au camp de vacances. Date butoir : aujourd'hui. Vous n'avez aucune idée de l'endroit où il se trouve, pas plus d'ailleurs que le formulaire d'inscription fourni par l'école il y a trois semaines.

   **d.** Vous êtes censée sortir ce soir avec des amis (chose rare), mais votre fils vous rappelle soudain qu'il a un cours de karaté.

   **e.** Votre nourrisson a beaucoup de fièvre et pleure sans arrêt. Il faut que vous l'ameniez dès que possible aux urgences et vous n'avez personne pour surveiller votre gamin d'âge préscolaire.

3  *Laquelle des expressions suivantes êtes-vous le plus portée*
   *à employer?*
   **a.** «Je ne sais pas. Qu'en pensez-vous?»
   **b.** «C'est quelque chose que je dois faire!»
   **c.** «Oh non, j'ai oublié!»
   **d.** «J'imagine que je dois changer mes plans.»
   **e.** Vous ne dites pas ces expressions car les seules personnes
   avec qui vous parlez sont vos enfants.

4  *Comment décririez-vous vos sorties en amoureux?*
   **a.** Vous êtes anxieuse. Vos enfants sont-ils assez âgés pour être
   laissés aux soins d'une gardienne? Avez-vous choisi la bonne?
   **b.** Vous êtes distraite. Vous parlez de vos enfants et de votre
   travail, mais vous n'arrivez pas à vous sortir de la tête la
   vaisselle sale qui est dans l'évier.
   **c.** Vous avez dû annuler. Vous aviez totalement oublié la
   rencontre parents-professeurs. Oups!
   **d.** Ce sont des moments rares. Il y a tellement à faire pour les
   enfants que vous n'avez pas grand temps pour vous deux.
   **e.** C'est très agréable. Les soirées en amoureux sont les seuls
   moments où vous mangez avec quelqu'un dont vous n'avez
   pas besoin d'essuyer la bouche.

5  *Vous avez un moment de répit, que faites-vous?*
   **a.** Vous utilisez le peu de temps libre à votre disposition
   pour lire un livre sur l'art d'être mère.
   **b.** Vous essayez d'entretenir votre maison et vous êtes accaparée
   par la gestion des emplois du temps de vos enfants.
   **c.** Prise par surprise, vous avez soudain du temps libre. Vous
   l'employez presque entièrement à chercher ce dont vous
   avez besoin pour que les choses avancent, qu'il s'agisse
   d'aiguilles à tricoter à acheter ou du livre qu'une amie
   vous a prêté et qu'il faudrait bien lui remettre enfin.
   **d.** Si vous avez du temps libre, ne devriez-vous pas
   entièrement le consacrer à vos enfants?
   **e.** Vous aimeriez aller voir un film ou prendre un café avec
   quelqu'un, mais vous n'avez personne à qui demander.

**Clés des réponses**
Regardons un peu à quoi correspondent vos réponses.

**A en majorité.** Il se peut que l'insécurité vous retienne. À un moment donné, avec les enfants, il faut faire confiance à votre intuition et foncer.

**B en majorité.** Ouf! Allez-y plus doucement! Être parent n'est pas un sport de compétition.

**C en majorité.** Un peu d'ordre pourrait réduire le chaos qui prévaut dans votre vie. Comment pouvez-vous trouver le bonheur si vous ne trouvez même pas vos clés?

**D en majorité.** Vous avez fait passer vos besoins du four au congélateur et vous les avez oubliés là.

**E en majorité.** Vous avez besoin de soutien, de gens qui peuvent prendre la relève et vous aider à élever vos enfants.

Peu importe vos réponses à ce test, ce livre est rempli d'anecdotes instructives et de conseils pour vous aider. Voici un survol de chacun des chapitres.

## Visez bas et prenez votre temps

Au chapitre 2, nous parlerons des ajustements à apporter en ce qui concerne les attentes, qu'il s'agisse de celles envers vous, vos enfants, votre conjoint ou le reste du monde. Avez-vous des attentes immenses par rapport à vous-même ou vous sentez-vous tenaillée par d'autres gens? Je ne vous recommande pas de mettre au rancart tous vos standards, mais de ralentir votre rythme de croisière et de vous fixer des objectifs plus réalistes. C'est toute la famille qui bénéficiera du bien-être ainsi engendré.

## Fiez-vous à votre intuition

J'ai pris à cœur les diktats de trop nombreux experts de l'art d'être parent, même lorsque leurs conseils ne correspondaient pas à ce que me suggérait mon instinct. Par exemple, un guide suggère de nourrir un nouveau-né seulement toutes les quatre heures, peu importe la force de ses pleurs, son niveau de faim ou le degré d'inconfort de sa mère. J'ai essayé cette méthode une fois, mais rendue à la troisième heure, mon bébé était hystérique, j'étais en pleurs et j'avais les seins douloureusement engorgés.

Certains conseils des soi-disant experts frôlent le ridicule. Une fois, au cours d'une interview réalisée pour un magazine, un psychologue m'a dit que les parents devraient dresser un oiseau pour qu'il sautille devant les bébés ne marchant pas encore à quatre pattes afin de les inciter à replier leurs genoux et à avancer! Personne ne connaît votre enfant mieux que vous. Dans le chapitre 3, nous élaborerons une stratégie pour que vous deveniez votre propre expert-conseil et que vous preniez des décisions en toute confiance, sans hésiter.

## Restez dans le vrai

Vous êtes différente de la personne que vous étiez avant de devenir mère, mais vous êtes tout de même encore vous. Au chapitre 4, vous apprendrez à reconnaître et à accepter les changements positifs qui accompagnent votre nouveau statut et à valoriser le fait qu'être mère fait de vous une personne encore plus merveilleuse. Il est facile cependant de tomber dans le piège de la comparaison avec les autres mamans. Certaines sont coachs de balle molle, d'autres font cuire des tartes tous les dimanches. Et vous, en quoi vous distinguez-vous? Il se peut que vous fassiez partie des mamans qui racontent les meilleures blagues du monde ou qui sont toujours prêtes à faire un câlin sur le canapé.

## Trouvez votre tribu

Nous, les mamans, pensons parfois pouvoir mener notre barque seule ou avons l'impression que c'est ce que nous

{ **Entre mamans** }

« Je donne le bain à mon fils et à ma fille en même temps, je mets des légumes congelés au four à micro-ondes et je laisse parfois les enfants dormir dans un pyjama taché de confitures. Une ou deux fois par mois, j'annonce à ma tribu que c'est le soir des mélanges et je sers des céréales et des gaufres congelées au repas du midi. Les enfants adorent ça, mais je me sens coupable. Je préfère malgré tout me sentir coupable que davantage stressée. » -Debbie

« Si vous avez des enfants et que vous essayez de maintenir la perfection en tout, c'est comme si vous essayiez de pelleter de la neige pendant une tempête. Je ne vais pas me rendre folle à gaspiller du temps que je pourrais consacrer à ma fille pour essayer de reproduire une image imposée illusoire. Donc, si vous venez chez moi, il se pourrait que vous trébuchiez contre une peluche ou que vous deviez enjamber la voiture de Barbie. »
*-Maureen*

devons faire. Nous avons de la difficulté à demander de l'aide ou nous n'avons même pas le temps de la demander. Peut-être n'avons-nous personne à appeler puisque nos amies sont aussi occupées que nous et n'avons pas de famille à proximité. Mes moments les moins heureux en tant que mère ont également été les plus solitaires. Mais, il y a une différence entre savoir que vous avez besoin d'amies et commencer à mettre sur pied cette tribu légendaire. Dans le chapitre 5, il sera question de moyens faciles d'obtenir soutien et camaraderie, ainsi que des rendez-vous avec des adultes de votre âge pour vous amuser un peu.

## Suivez le courant

Si vous prévoyez le déroulement de chaque journée dans les moindres détails, cela ne laisse aucune place pour les urgences de dernière minute. Par contre, l'improvisation ne donne pas toujours des résultats probants. C'est étrange, mais un peu de planification peut préparer au changement et aider à composer avec lui. Le chapitre 6 s'attarde à l'équilibre entre l'organisation et la flexibilité, ainsi qu'à l'amélioration de votre capacité de suivre le courant.

## Préparez le terrain

Si votre quotidien est un ouragan de chaussures à crampons qui ont disparu, de feuilles de permission égarées, de chaos pré-repas, il vous sera difficile de trouver suffisamment d'énergie pour apprécier une balade avec vos enfants. La clé, c'est de cerner ce qui déclenche votre fureur. Dans le chapitre 7, nous verrons comment aborder autrement les choses qui vous rendent dingue.

## Prévoyez un programme

Même si tous les parents doivent parfois improviser, il est bon d'avoir une idée générale de la direction que vous prenez. Ainsi, vous êtes un parent qui sait où il va et qui ne panique pas. Les mères très occupées ont besoin de se doter de techniques de gestion du temps afin que leurs programmes ne fondent pas comme neige au soleil. Le chapitre 8 vous aidera à trouver

# Cinq façons de dire « non »

Les mamans reçoivent de nombreuses demandes d'aide. Si vous êtes prise de court et que vous vous sentez mal à l'aise de dire : « Je suis désolée, mais je ne suis pas libre », je vous propose ci-dessous cinq autres façons de dire « non » poliment.

1    Il y a la tactique « Ça non, mais ça oui » : « Désolée, je ne pourrai pas remplacer votre gardienne toute la semaine, mais je pourrais garder Jacob mardi. »

2    Mettre la faute sur une autre personne : « J'aimerais beaucoup m'occuper du stand au match de football jeudi, mais mon mari a un cours ce soir-là. »

3    « Cette excursion promet d'être très intéressante, mais je dois réfléchir à comment faire garder le bébé. Est-ce que je peux vous revenir là-dessus ? »

4    La technique « Mes forces sont ailleurs » : « Vous savez, je ne suis pas la bonne personne pour solliciter des dons. Mais je sais créer un dépliant. »

5    Ne rien promettre, mais laisser la porte ouverte : « Je ne pense pas pouvoir vous aider, mais je le ferai si je le peux. » Par la suite, toute aide, même minime, sera très appréciée !

un rythme quotidien et un système de planification. Cocher une chose sur votre liste est une façon infaillible d'augmenter votre degré de bonheur. La planification permet entre autres de prévenir les crises de dernière minute et de rester calme lorsqu'on est confronté aux surprises de la vie.

**Être une mère heureuse, c'est être vous-même, pas ce que tout un chacun pense que vous devriez être.**

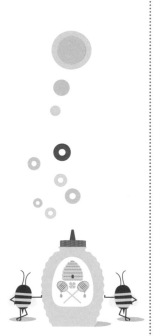

### Occupez-vous de la personne la plus importante

Il n'y a pas de mal à être un peu égoïste. Même les choses les plus simples peuvent finir par devenir des corvées si vous puisez dans des réserves que vous n'avez pas. Vous êtes une personne avec des besoins (n'oubliez pas de dormir suffisamment) et des désirs (pensez à George Clooney). Il est aussi important d'accorder temps et énergie à votre santé et à votre bien-être qu'à votre famille.

Grignotez-vous des restes au lieu de vous préparer un repas décent? Est-ce que votre seul exercice consiste à prendre votre bambin dans vos bras? Le chapitre 9 vous donne la permission de faire attention à vous et fournit des idées pour trouver le temps de le faire.

Je vous invite à faire attention à votre santé, y compris votre santé mentale. J'espère que ce livre aidera toutes les lectrices à devenir des mamans plus heureuses. Toutefois, si vous continuez à vous sentir triste ou anxieuse, allez voir votre médecin.

Les signes de dépression peuvent varier. Certaines personnes se sentiront irritables, alors que d'autres éprouveront de la difficulté à se concentrer. La dépression postnatale a ses propres symptômes, dont le sentiment de manque de lien avec son bébé. Les recherches indiquent qu'être traitée a un impact positif sur la façon dont une mère, qui combat une dépression, interagit avec son enfant. Vous devez garder à l'esprit qu'avoir recours à de l'aide améliorera aussi le bien-être de votre famille.

## Appréciez votre vie amoureuse

Les membres de la *MomConnection* (Rendez-vous des mamans) ont indiqué que leur vie amoureuse était le facteur le plus important pour les rendre heureuses en tant que mères. Si vous entretenez un lien très étroit avec votre conjoint, vous aurez quelqu'un qui sera de votre côté pour appuyer vos décisions disciplinaires, ou pour rire lorsque votre enfant d'âge préscolaire émettra spontanément un juron. Le chapitre 10 aborde les façons d'entretenir cette relation afin que vous restiez sur la même longueur d'onde en tant que parents et conjoints. Et si vous êtes une mère célibataire, vous voudrez à un moment donné que votre vie amoureuse redevienne une priorité.

## Ce qui est important pour vous

Si vous êtes comme moi, vous avez identifié certains domaines où un peu d'aide ne ferait pas de mal pour requinquer l'aspect bonheur dans votre vie. Lisez les chapitres de ce livre dans n'importe quel ordre. Prenez la liberté de lire en premier les chapitres qui vous interpellent le plus.

Être une mère heureuse, c'est être vous-même, et être suffisamment détendue pour apprécier vos enfants et le reste de votre vie. Ça et là dans le livre, je vous propose des idées qui, je l'espère, vous inciteront à mettre de côté la culpabilité et à être le genre de mère que vous voulez être.

Nous vous aiderons pas à pas à faire la distinction entre ce qui compte vraiment pour vous et le reste. Nous dresserons un plan pour vous aider à retrouver la confiance de dire «Non» et le courage de dire «Oui». Chemin faisant, vous trouverez le moyen de passer de «Tout est si difficile!» à «Tu sais quoi? Je me sens mieux!»

Vous créez un mot de passe sur un compte d'achat en ligne ou pour le nouveau système informatisé au bureau? Pourquoi ne pas choisir un mot de passe qui comporte une blague connue de vous seulement ou autre chose qui vous mettra de bonne humeur chaque fois que vous le taperez, par exemple Orteilsdesinge123? Chaque fois que vous entrerez dans le système, vous aurez une raison de sourire.

# 2

visez bas et prenez votre temps

Mon aîné, Jacob, a été un bébé facile et un bambin encore plus facile. « Regarde », que je chuchotais à mon mari, désignant un enfant qui se mettait à hurler dans un restaurant pendant que notre petit ange restait tranquillement assis. Je pensais tout naturellement que le comportement de Jacob reflétait nos aptitudes supérieures en tant que parents.

Puis, notre second fils, Isaac, est arrivé comme une tornade. Soit il hurlait de colère soit il criait de joie. Dès qu'il a marché, nous ne pouvions presque plus quitter la maison. Il n'y avait rien à son épreuve : il grimpait sur tout, lançait tout ce qui lui tombait sous la main. Je me demandais comment j'avais pu rater mon coup cette fois. Ou pire, si quelque chose ne tournait pas rond avec Isaac.

**Nous, les mamans, nous avons beaucoup d'attentes.**

J'ai fini par apprendre que le comportement d'Isaac était normal pour son âge. C'est la nature facile de Jacob qui m'avait induite en erreur. Isaac était plus près de la norme que Jacob. Il y a de fortes chances pour que vous ayez vous aussi connu un moment où le fantasme et la réalité ne faisaient qu'un. Nous, les mamans, nous avons beaucoup d'attentes : face à nos enfants, à nos conjoints, aux autres mères et, ce qui est peut-être potentiellement le plus dommageable, face à nous.

N'avez-vous jamais décidé de préparer un gâteau d'anniversaire ayant la forme d'un carrousel pour vous retrouver désemparée devant ce qui ressemblait plutôt à une prison à haute sécurité ? Ne vous est-il jamais venu à l'idée que vous pourriez y arriver si vous essayiez encore plus fort ?

Si c'est le cas, il faut que vous réfléchissiez à votre approche. *Viser bas et prendre son temps* est le deuxième secret pour être une mère heureuse. Tout ce qu'il y a à faire, c'est établir des attentes raisonnables et faire preuve de patience. Vous finirez peut-être par être agréablement surprise par une journée parfaite au lieu d'être désagréablement surprise par une journée normale.

## Établissez vos propres standards

Viser bas, mais jusqu'où ? Cela peut varier d'une situation à l'autre, ou d'une maman à l'autre. Une façon de savoir si vous prévoyez suffisamment de marge de manœuvre pour vous, vos enfants ou votre conjoint est d'observer votre réaction quand les choses ne se passent pas comme prévu. Vos agissements lorsque les choses vont de travers révèlent le degré de réalisme de vos attentes.

Certaines erreurs sont graves (par exemple, si votre gardienne n'attache pas votre bébé dans son siège d'auto) et justifient une réaction forte. Mais ce genre de situation chaotique est assez rare. La plupart du temps, nous pourrions simplement réviser nos attentes à la baisse, tant à notre égard qu'à celui des autres. Au lieu de viser la perfection (une maison étincelante et des gamins jamais dépeignés) et d'être déçues lorsque nous ratons notre coup, viser bas nous permet presque toujours de dépasser nos objectifs. Répondez aux questions du test suivant pour savoir à quelle hauteur mettre votre barre.

# Q/R

**Lorsque quelque chose va de travers, que faites-vous ? Faites notre test pour voir ce que vos réactions disent sur vos attentes.**

1 *Vous allez chercher votre fils à la garderie. Lorsque vous lui faites enfiler ses bottes, vous remarquez que ses chaussettes sont à l'envers et qu'elles ne sont même pas propres.*

   **a.** Vous qualifiez la chose d'impair vestimentaire mineur. Au moins, votre enfant porte encore deux chaussettes.

   **b.** Vous serrez les dents. Votre mari n'était-il pas censé l'aider à s'habiller ce matin ?

   **c.** Vous êtes convaincue que la personne qui garde votre enfant pense que vous avez le quotient intellectuel de la poignée de céréales rances qui viennent de s'échapper du sac à dos de Junior ?

   **d.** Vous regardez par-dessus votre épaule pour vérifier si d'autres mères ont remarqué la situation.

2 *Vous amenez votre fille à son premier rendez-vous chez le dentiste et vous apprenez qu'elle a deux caries.*

   **a.** Vous êtes surprise, mais vous vous sentez mieux quand le dentiste vous apprend que certains enfants sont plus susceptibles d'avoir des caries que d'autres et qu'il surveillera les dents de votre fille de plus près.

   **b.** Vous rédigez mentalement une note à votre belle-mère pour la remercier de tous les bonbons qu'elle a donnés en cachette à vos enfants. C'est un miracle qu'il leur reste des dents !

   **c.** Vous ressentez de l'embarras. Le dentiste doit penser que vous ne dites pas toute la vérité sur la fréquence des brossages de dents.

   **d.** Vous vous demandez ce que vous direz lorsqu'une amie vous narguera en disant que son enfant n'a jamais eu de carie.

3 *Vous remarquez une invitation adressée à votre fils sur une pile de papiers. La fête d'anniversaire a lieu le lendemain et il fallait confirmer cinq jours plus tôt.*

   **a.** Vous appelez pour voir s'il est encore possible que votre enfant participe à la fête. Après tout, vous comprendriez si un autre parent se trouvait dans la même situation.

   **b.** Vous dites à votre fils qu'il aurait dû vous montrer l'invitation plus tôt.

   **c.** Vous appelez et vous vous confondez en excuses, demandant à être pardonnée pour une telle impolitesse.

   **d.** Vous ignorez l'invitation à confirmer en espérant que personne n'en parlera.

## Clés des réponses

**A en majorité. Vous êtes réaliste.** Vous savez que les choses ne se passent pas tout le temps comme prévu et que la plupart des oublis et erreurs ne valent pas la peine de se rendre malade.

**B en majorité. Vous accusez les autres.** Quand les choses vont de travers, vous réagissez brusquement en rejetant la faute sur autrui : votre conjoint, votre enfant, votre belle-mère…

**C en majorité. Vous jouez à la victime.** En tant que perfectionniste, vous avez une impression d'échec même lorsque la moindre petite chose ne fonctionne pas.

**D en majorité. Vous êtes la reine du déni.** Vous craignez que les autres mères remarquent vos erreurs et vous préférez ignorer ce qui va de travers.

«Je voulais abolir la télévision dans notre maison. C'était ridicule! J'ai réalisé que je n'étais pas une mauvaise mère si ma fille la regardait de temps en temps. Elle apprend beaucoup en parlant des choses que les personnages font et il est bien plus facile pour moi de cuisiner ou de faire d'autres corvées pendant qu'elle regarde une émission. Pourvu que je surveille ce qu'elle regarde ainsi que le temps qu'elle passe devant l'écran, je me sens à l'aise.»
-*Djonesz*

Ce test vous a-t-il appris quelque chose de surprenant sur vous-même? Il ne vous était peut-être jamais venu à l'esprit que votre tendance à toujours vous fustiger ou à faire des reproches aux autres était un indice que vos attentes sont trop élevées.

Bien sûr, il y a certains domaines où il nous est plus difficile de réduire nos standards. Par exemple, cela ne vous dérange aucunement d'acheter des costumes tout faits, mais vous ne pouvez vous débarrasser de l'idée que votre maison devrait rester en ordre une fois que vous avez ramassé ce qui traînait. Ou peut-être que vous ne vous laissez pas démonter quand votre bambin d'âge préscolaire recommence à faire pipi au lit, mais que vous vous raidissez lorsqu'il tombe dans la phase «Je montre mes fesses aux étrangers au supermarché».

Personne ne peut se montrer parfaitement réaliste en tout temps. En nous tous, il y a toujours un peu de l'accusatrice, de la victime et de la reine du déni. Voici quelques suggestions pour observer plus en détail vos standards et tolérer mieux ceux de votre entourage.

## Mettez le jeu de l'accusatrice en sourdine

Êtes-vous comme moi? J'essaie de gérer ma famille comme s'il s'agissait d'une machine bien huilée et quand quelque chose tombe en panne, il m'est difficile d'accepter que cela puisse être de ma faute. Comme la fois où j'avais oublié que mon fils avait un cours de tennis le matin. J'ai dû l'accompagner en voiture en pyjama, cheveux ébouriffés, espérant que je ne serais pas arrêtée par un beau policier. Le pire, c'est que lorsque je suis rentrée, j'ai appelé mon mari pour lui reprocher de ne pas avoir inscrit la date du cours sur le calendrier.

Il n'y avait pourtant pas de quoi tant m'énerver. Quelques minutes après avoir raccroché, je l'ai rappelé pour m'excuser. En l'accusant, j'avais gaspillé 15 minutes à bouillonner sans avoir rien créé de positif. Nous devions tous les deux nous améliorer pour prévoir les activités des enfants et mieux répartir les tâches familiales. Lorsque j'ai cessé d'alimenter ma colère en engueulant mon mari, j'ai réalisé qu'il existe de plus grands dangers qu'affronter un bel agent de police – entre autres, le fait de me retrouver à l'arrière de la voiture dudit policier parce que mon permis de conduire est resté à la maison.

L'accusatrice en convalescence que je suis sent encore le besoin de faire des reproches. Mais, au lieu de céder, j'essaie de me calmer en me posant les questions suivantes :

**La plupart des mères sont comme vous : elles font de leur mieux pour élever leurs enfants.**

- Est-ce que je me sens coupable et essaie de me décharger de ma responsabilité ?
- Mes attentes sont-elles trop élevées par rapport à la phase de développement actuelle de mes enfants ?
- Est-ce important ? Est-ce que ça vaut la peine que j'y accorde encore une seule autre pensée ?
- Est-ce que je me souviendrai de ça dans un jour, une semaine, une année ?
- Si c'était moi qui commettais une erreur, comment aimerais-je qu'on me traite ?
- Est-ce que je reproduis les méthodes d'éducation de mes parents ? Cela convient-il à mes enfants ?
- Est-ce que je tiens compte du point de vue de mes enfants ?

## Ne pas avoir peur d'être jugée

Si vous avez l'impression que toutes les mères présentes sur le terrain de jeu parlent à voix basse dans votre dos parce que votre gamin a donné un coup de poing à un autre enfant, essayez de garder à l'esprit que la plupart sont comme vous : elles font de leur mieux pour élever leurs enfants. Qu'en est-il de cette mère parfaite dans sa voiture impeccablement propre et qui ne hausse jamais le ton avec ses trois adorables enfants ? Il se pourrait bien qu'elle ait une pile de gâteaux sous

«Peut-être que certaines de mes amies mamans m'envient parce que je donne l'impression d'avoir tout sous contrôle. Cette perception est erronée. Je suis aussi stressée qu'elles et j'ai souvent l'impression d'être une mère horrible. Mon mari me dit toujours que si je m'inquiète tant d'être une bonne mère, c'est parce que j'en suis déjà une!»
-Ashley

le siège pour soudoyer sa marmaille et que sa surdose de sucre permanente explique aussi sa bonne humeur ennuyeusement constante. On ne sait jamais ce qui se passe dans la vie des autres! Rappelez-vous comme vous avez été surprise d'apprendre le divorce d'amis que vous pensiez être faits l'un pour l'autre.

Pourquoi ne pas de jouer la carte de l'honnêteté avec les autres mères? Les confessions faites sur les terrains de jeu peuvent se traduire par de nouvelles amitiés. Essayez de laver votre linge sale en compagnie d'une autre mère en lui racontant par exemple que c'est justement du linge sale que porte votre gamin parce qu'il refuse depuis lundi de porter autre chose que son tricot Pokémon. Observez ce qui se passe. Peut-être en rajoutera-t-elle de son côté.

Essayez de faire preuve de compassion envers les autres mères quand elles ratent leur coup. Aussi tentant qu'il puisse être de s'engager dans la guerre des mamans sur Facebook et autres blogues, essayez de ne pas vous laisser happer par ces échanges acerbes. Plus vous entendrez les gens critiquer les mères en général, plus vous vous sentirez jugée et sur la défensive. Par contre, si vous faites preuve de compréhension et d'empathie, vous serez à même de reconnaître que nous pouvons en même temps être imparfaites et incroyables.

**Il suffit parfois d'un sourire entendu pour aider une autre mère à se sentir comprise.**

Elle vous rendra fort probablement la pareille lorsque votre bambin déchirera sa couche pour se la mettre sur la tête.

### Cultivez la confiance

Il y a une grande différence entre viser bas et se résigner. Ce n'est pas parce que vous n'avez pas, chaque soir, le temps de faire la lecture à votre gamine que vous devez cesser de le faire ou encore laisser votre enfant devenir la terreur du carré de sable parce qu'il traverse une phase difficile. Au lieu de cela,

# Faites des listes de choses à ne pas faire

Beaucoup de mères sont bonnes pour dresser des listes de choses à faire. Mais qu'en est-il des activités que vous aimeriez faire un jour mais que, pour l'instant, vous ne pouvez pas faire ? Donnez-vous la permission de les mettre en suspens. Ainsi, vous les éliminez de votre liste actuelle déjà bien remplie, tout en sachant que vous ne les oublierez pas.

Voici des exemples de ce qu'une liste des choses à ne pas faire pour l'instant peut comprendre :

1 Courir un marathon, suivre un cours de chinois, faire du yoga ou danser le swing ;

2 Inviter des gens à manger. C'est agréable quand on dispose de tout le temps nécessaire pour cuisiner et bavarder, mais beaucoup moins quand on essaie de bercer un bébé et d'abaisser de la pâte en même temps ;

3 Coudre, faire de la dentelle, du crochet, de la broderie ou quoi que ce soit d'autre qui exige des aiguilles ;

4 Créer des albums de photos ;

5 Écrire un livre.

Il y a aussi les choses que nous ne voulons pas accomplir, ni maintenant ni même jamais, mais que nous pensons que nous devrions faire. Il est convenable de décider d'en mettre certaines de côté en les inscrivant sur la liste des choses à ne jamais réaliser. C'est simplement prendre la décision ferme de décrocher pour alléger son fardeau.

Voici ce qu'une liste des choses à ne jamais faire pourrait comprendre :

1 Lire un journal vieux de plus d'une semaine ;

2 Acheter des vêtements qui ne vont pas au sèche-linge ou qui ont besoin d'être repassés (c'est sans appel) ;

3 Inscrire votre enfant à plus d'un cours par week-end. Je peux vous assurer que votre gamin âgé de quatre ans deviendra un adulte fonctionnel même s'il n'a pas encore joué au baseball ;

4 Appeler des gens pour une collecte de fonds ;

5 Écrire un livre.

vous pourriez faire la lecture à votre fille les fins de semaine lorsque votre ordre du jour est un peu moins chargé. Et peut-être pourriez-vous éviter le carré de sable aux heures d'affluence et accorder à votre fils (et à vous-même) tout le temps qu'il faut pour traverser sa phase de développement. Mettez la barre basse et ne vous précipitez pas. Ce faisant, votre confiance s'étoffera.

Mais il n'est pas toujours facile de savoir dans quoi investir votre énergie et votre temps ni ce qu'il faut lâcher. C'est ici que les trois P (priorités, perspective et probabilités) entrent en jeu.

## Priorités

Vous êtes placée devant une infinité de choses que vous pourriez faire pour votre enfant : créer un album de photos, l'emmener au parc, mettre de côté la moitié de votre paie pour qu'il puisse suivre un stage de violon. Mais une chose est sûre : vous ne pouvez pas tout faire, du moins pas bien et pas tout de suite.

**Vous voudrez nourrir les intérêts de votre enfant, mais pas aux dépens de votre sommeil ni de vos économies.**

Votre enfant aura de nombreux intérêts et vous voudrez les valoriser, mais pas aux dépens de vos heures de sommeil ni de vos économies en cas d'urgence. Le secret, c'est de vous concentrer sur ce qui coïncide avec vos priorités. Peut-être jouez-vous le rôle de tutrice en mathématiques dans la classe de votre enfant, ou encore aidez-vous à peindre les décors pour la pièce de théâtre de l'école. Tout ça sans négliger votre emploi à temps plein.

Votre emploi du temps est tellement surchargé que vous avez à peine le temps de respirer. Alors, que devriez-vous éliminer ? Pensez tout d'abord à vos plus grandes priorités, qui pourraient être les suivantes : « Je veux m'occuper de l'éducation de mes enfants, utiliser ma créativité et disposer de soirées libres pour être avec ma famille. » En vous basant sur ces priorités, vous réaliserez peut-être que le tutorat exige que vous vous absentiez du bureau plus que vous ne pouvez vous le permettre. Par contre, vous pourriez allégrement aller peindre les décors le samedi ou le dimanche avec votre petit Renoir. Le fait d'accepter que vous ne puissiez pas tout faire vous permettra de vous concentrer sur ce dont vous avez besoin et sur ce que vous voulez vraiment faire.

## Perspective

La peur nous pousse trop souvent à mettre la barre trop haute. Nous avons peur de ce qui arrivera si nous ne réussissons pas à combler nos attentes. Souvent, par contre, nous nous inquiétons bien plus que la tâche du moment ne l'exige. Il m'est déjà arrivé de me réveiller en sursaut la nuit, mon cœur battant la chamade, parce que j'avais oublié de mettre le lave-vaisselle en marche avant de me mettre au lit. Alors, pour mettre de tels petits tracas en perspective, je me demande les trois choses suivantes :

• Mon fils de 10 ans devra boire son lait dans une tasse plutôt qu'un verre demain matin. Qu'est-ce qui pourrait arriver de pire?
• Ce contretemps risque-t-il d'engendrer des problèmes dans le futur?
• Quel est le bon côté de mon oubli? Eh bien! mon fils pourrait réaliser que la vaisselle ne se lave pas toute seule.

Me prêter à cet exercice de dédramatisation chaque fois que j'angoisse pour une peccadille est devenu naturel à la longue. Essayez d'utiliser cette technique toute une journée et voyez ce qui se passe. Même si vous ne comblez pas vos attentes à 100% ce jour-là, j'imagine qu'un certain recul vous prouvera que les conséquences en sont rarement tragiques.

### Probabilités (au lieu de possibilités)

Même après avoir eu cinq enfants, je rêve encore d'avoir les abdominaux d'Angelina Jolie, d'être découverte grâce à *American Idol* et de rénover ma baraque victorienne selon les normes des designers-vedettes. Ce serait fabuleux aussi si mon mari se résignait à vendre ses vieux Transformers (comme si je ne savais pas qu'ils sont dans le placard!), si mes enfants pouvaient avoir que des A et que mon garçon de quatre ans ne claquait pas les portes alors que le bébé fait sa sieste. Mon côté optimiste me dit que toutes ces choses sont possibles. Par contre, mon côté réaliste me rappelle qu'aucune d'elles n'est probable.

**Même après avoir eu cinq enfants, je rêve encore d'avoir les abdominaux d'Angelina Jolie.**

Faire une distinction entre ce qui est possible et ce qui est probable aide grandement à avoir des attentes plus réalistes. Je vous suggère de garder cela à l'esprit quand vous dressez une liste de choses à faire. Choisissez seulement quelques activités ou besognes plutôt faciles à accomplir comme préparer des pâtes pour le déjeuner, aider votre fille à bien épeler les mots et sortir les ordures. Il y a de fortes chances pour que vous puissiez rayer au moins quelques éléments sur votre liste de choses simples. Vous vous sentirez si fière que vous pourriez même penser au recyclage cette fois.

### Espérez ce qu'il y a de mieux et préparez-vous au reste

Je ne sous-entends pas que vous ne devriez pas vous fixer un objectif personnel ou familial. Quelle mère ne souhaite pas que ses enfants se comportent raisonnablement et deviennent des adultes dont elle puisse être fière? En laissant votre enfant s'occuper de lui-même, un pas à la fois, vous renforcez son autonomie. Laissez-le se servir lui-même ses céréales (les renverser et ensuite nettoyer les dégâts). Vous n'en serez tous les deux que plus heureux.

Il est bon d'avoir des souhaits réalisables et des objectifs personnels (il sera question de la planification au chapitre 8) mais, même si vous planifiez à merveille, certains détails iront forcément de travers. Si on regarde les choses du bon côté, des parents imparfaits donnent aux enfants de drôles d'histoires à raconter plus tard, comme la fois où le barbier de huit ans venait de faire une coupe de cheveux à son petit frère de trois ans et que maman mit du temps avant de retrouver son calme.

Mes attentes concernant le comportement de mes enfants sont élevés. Toutefois, je ne compte pas à ce qu'ils s'y conforment en tout temps. Je peux cependant espérer que mon fils aîné admire les juges à la foire scientifique et que tous mes garçons se tiennent bien au mariage de leur tante. Par contre, j'entendrai probablement dire que le minibiodôme a plutôt l'air d'un récipient renversé avec des personnages pris en dessous et j'aurai possiblement à mettre la main devant une petite bouche pour éviter que tous les invités au mariage n'entendent : « Maman, j'ai fait une bulle en éternuant ».

## Confrontation à la réalité

Je dis toujours aux gens que, pour moi, la transition du deuxième au troisième enfant a été beaucoup plus facile que celle du premier au deuxième. J'avais compris que la façon la plus sûre d'être une mère heureuse est de ne pas attendre trop de quiconque. J'avais appris à cibler les buts que je savais pouvoir atteindre, à ralentir mon rythme quotidien et à ne pas pleurer parce que du lait avait été renversé.

La bonne nouvelle, c'est que vous n'avez pas besoin d'avoir plusieurs enfants pour commencer à ajuster vos attentes. Vous pouvez vous y employer dès maintenant, peu à peu. Laissez tomber l'idée de préparer vous-même un coulis de tomates à partir d'ingrédients frais pour le repas du vendredi soir. Ciblez le moyen de gamme au lieu de la perfection absolue et votre vie vous paraîtra plus belle que jamais.

( Démarrage rapide facile )

Une autre tombola à l'école ? Le sucre glace peut donner une touche personnelle à un gâteau acheté tout fait. Ou encore vous pouvez créer des pancartes avec votre jeune enfant ou simplement aider à dresser les tables. Vous participerez, mais ne passerez pas des heures à concocter la pièce montée du siècle !

# 3

fiez-vous à votre intuition

Les mamans sur le terrain de jeu se plaignaient que leur bébé ne passait pas assez de temps à plat ventre. Mon troisième fils, William, avait quelques mois à l'époque et je n'avais jamais entendu parler de l'importance que peut avoir cette position.

Dès mon retour à la maison, je me suis lancée sur mon ordinateur pour chercher à découvrir comment j'avais causé du tort à mes plus vieux parce que je ne les avais pas mis à plat ventre chaque jour quand ils étaient tout petits. En fouillant, j'ai découvert que l'arrière de la tête des bébés peut s'aplatir quand ils passent trop de temps sur le dos et que ce problème est devenu plus fréquent depuis qu'il a été conseillé aux mamans de mettre leurs enfants sur le dos pour réduire les risques de syndrome de mort subite du nourrisson. Même si mes enfants semblaient s'en être jusque-là parfaitement tirés, était-il possible que je m'y prenne mal avec mon bébé ?

**Certaines mamans sont des obsédées de l'information.**

Plus je réfléchissais à la chose et plus je réalisais que mes trois bébés avaient passé des heures à plat ventre sur mes genoux, à plat ventre à cheval sur l'avant-bras de mon mari pendant qu'il circulait dans la maison et à plat ventre par terre aussi. Mais je n'avais jamais compté le temps. Bébé William levait et tournait déjà la tête, comme il était censé le faire à son âge. Donc, je faisais déjà bien les choses. Je devais me faire confiance. Et ceci nous amène au secret de mon prochain chapitre : *Informez-vous, bien sûr, mais surtout, fiez-vous à votre intuition.*

Certaines mamans sont des obsédées de l'information. Elles ne se fient qu'aux experts pour se faire une opinion. Vous pouvez vous épuiser à effectuer des recherches, mais vous seule pouvez décider si leurs méthodes conviennent à vos enfants.

Il peut être épuisant de prendre en considération les centaines d'avis contradictoires qui vous assaillent. Mais, pour être une mère heureuse, il faut reconnaître que l'on ne peut pas accepter l'avis de tous et que, même si on commet des erreurs, nos enfants seront tout de même en santé, heureux et avisés. Ou du moins assez brillants pour arrêter de manger de la pâte à modeler une fois rendus, à la quatrième année de l'école élémentaire.

Faites le test suivant pour savoir quel est votre style en matière de collecte d'information, puis revenez à cette page pour trouver des secrets et pour garder le contrôle.

## Nous ne pouvons pas tout savoir

Lorsque votre mère était jeune, les experts en éducation étaient rares. Bien sûr, il se peut qu'elle ait transporté dans son sac un exemplaire du livre du célèbre Dr Spock. N'empêche, les recherches n'affluaient pas à cette époque et les nouvelles ne parvenaient pas en temps réel. De nos jours, nous sommes censées nous tenir à jour sur un nombre infini de sujets pour pouvoir enseigner ceci, cela et encore cela à nos bambins.

Quelle pression ! Un nombre infini d'informations étant accessible en tout temps, on peut avoir l'impression de ne pas avoir d'excuse pour ne pas faire le meilleur choix. Le savoir, c'est le pouvoir. Par contre, la capacité de poursuivre notre chemin et d'écouter notre intuition est ce qui nous assure réussite et bonheur en tant que mères. Voici quelques trucs pour éviter la surcharge d'informations.

# Q/R

**Quel est votre style en ce qui concerne l'information ?**

**Lorsque, en tant que parent, vous doutez de quelque chose, avez-vous recours au téléphone arabe ou à Google ?**

1 *Pendant vos moments de frustration parentale, que faites-vous ?*
   **a.** Vous filez vers la section « Éducation des enfants » à la librairie ou achetez un magazine sur l'éducation.
   **b.** Vous allez sur le site Web de votre expert préféré afin de connaître son avis sur le sujet qui vous préoccupe.
   **c.** Vous demandez à d'autres mères ce qu'elles en pensent.

2 *Au terrain de jeu, les mamans parlent des couches jetables et des couches lavables.*
   **a.** Vous mentionnez les données d'une étude environnementale que vous avez lue.
   **b.** Vous citez le D$^r$ Untel qui affirme qu'il est parfaitement louable d'utiliser des couches jetables.
   **c.** Vous dites que vous utilisez des couches lavables, mais admettez que votre sœur pense que c'est une perte de temps.

3 *Ces quelques dernières nuits, votre gamin de huit ans a peur d'aller au lit.*
   **a.** Vous consultez des ouvrages sur le sujet et préparez un plan d'action pour résoudre le problème.
   **b.** Vous appelez le D$^r$ Dupont pendant son émission hebdomadaire et lui demandez conseil, en donnant bien sûr un faux nom.
   **c.** Vous affichez votre demande sur Facebook et faites le tri parmi les réponses que vous recevez d'une douzaine d'amies, de votre tante et d'un ancien camarade de classe.

4 *Lequel des énoncés suivants sortira le plus probablement de votre bouche ?*
   **a.** « J'ai lu un livre la semaine passée qui dit que la télévision bloque le fonctionnement cérébral des nourrissons. »

**b.** « Le D<sup>r</sup> Dupont dit que les bambins peuvent apprendre la propreté avant l'âge de trois ans. Alors, j'ai confiance qu'Alex ne portera plus de couches à la maternelle. »

**c.** « Et vous, vous faites quoi avec vos enfants ? »

5 *Les nouvelles sur votre page Yahoo! annoncent que les crèmes solaires peuvent causer le cancer.*

    **a.** Vous lisez ce que la Société canadienne du cancer dit sur la question et survolez la section concernant la prudence pour ce qui est du soleil sur d'autres sites.

    **b.** Vous allez vérifier sur le site du D<sup>r</sup> Dupont.

    **c.** Vous lisez ce que les blogueuses disent sur le sujet.

## Clés des réponses

**A en majorité. Spécialiste des données.** Toujours au courant des dernières statistiques et recherches, vous n'êtes jamais rassasiée d'informations.

**B en majorité. Genre groupie.** Vous avez trouvé un expert ou deux que vous consultez pour dénicher des conseils.

**C en majorité. Mère supérieure.** Quand il est question de conseils pratiques sur l'éducation, vous savez qu'il n'y a pas de meilleur expert qu'une autre mère.

Êtes-vous de type a, b ou c, ou encore un mélange des trois ? Vu que les bébés ne viennent pas avec un mode d'emploi, il est normal que vous cherchiez à vous faire conseiller. Les livres sur l'art d'être parent, les experts dignes de confiance et d'autres parents peuvent tous s'avérer de précieuses sources d'information. Poursuivez votre lecture tout en sachant faire confiance à votre intuition et en évitant la surcharge d'informations.

« Si vous vous sentez bien d'emmener votre bébé à l'extérieur, faites-le. Si les microbes vous inquiètent, emportez un flacon de désinfectant et demandez à tous ceux qui veulent toucher votre bébé de se nettoyer d'abord les mains. À moins qu'il n'y ait un tunnel entre l'hôpital et votre maison, sachez que votre bébé est déjà sorti à l'air libre. Ne vous laissez pas intimider par les autres. Faites ce qui vous met à l'aise. »
*-Une maman de trois enfants*

**Procurez-vous l'information dont vous avez besoin.** Les informations concernant les derniers règlements sur les sièges d'enfants tombent dans la catégorie « J'ai besoin de savoir ». Par contre, une étude menée auprès de 12 personnes qui laisse entendre qu'il existe un lien entre la consommation de petits pois pendant la grossesse et la longueur démesurée des orteils d'un poupon ne tombe pas dans cette catégorie.

**Choisissez vos sources avec précaution.** Grâce à Internet, tout le monde est devenu éditeur, ce qui ne veut pas dire que tout ce qu'on y trouve vaut la peine d'être lu. Réduisez vos lectures, aussi bien en ligne que sur papier, à un nombre restreint de sources sérieuses. Croyez-moi, si quelque chose est vraiment important, vous en entendrez parler.

**Réfléchissez bien.** Même les recherches et les statistiques provenant de sources fiables ne disent pas toujours tout. Et les recommandations peuvent changer et évoluer fréquemment. Si vous lisez quelque chose qui contredit votre philosophie de l'éducation, posez-vous les questions suivantes : est-ce que ce que je fais fonctionne ? Mon enfant est-il en santé et heureux ? Y a-t-il une raison incontournable de changer les choses ?

## Il y aura toujours quelqu'un pour ne pas être d'accord et c'est bien comme ça

Quand vous recevez vos amies, vous êtes-vous déjà sentie obligée de cacher les jouets à piles de votre enfant ou la boîte de céréales additionnées de guimauves ? Êtes-vous plus stricte avec votre enfant en public que vous ne l'êtes à la maison, pour ne pas paraître permissive ? Ou au contraire, lui permettez-vous davantage de choses parce qu'il va se mettre à hurler si vous les lui interdisez ? Il est normal de vouloir être considérée comme une bonne mère par les autres. Mais, la définition de ce qu'est une super maman varie.

Lorsque mes enfants étaient plus jeunes, j'ai lu une étude qui disait que le fait d'embrasser ses enfants sur la bouche pouvait déclencher des caries dentaires. Selon cette étude, les bactéries passent de la bouche de la mère à celle de son enfant, et par conséquent lui font courir le risque d'avoir des caries. Je les embrasse encore sur la bouche. Ce qui ne veut pas dire que j'avais raison et que les autres mères avaient tort.

Le degré de tolérance face à divers risques varie d'une personne à une autre. Et ce sont nos expériences et nos priorités qui influeront toujours nos décisions en tant que parents.

## C'est vous l'expert en ce qui concerne votre enfant

Qu'est-ce que votre mère, votre meilleure amie, votre pédiatre, votre patron et l'auteur-vedette du jour ont en commun? Aucun d'eux ne connaît mieux son enfant qu'eux-mêmes. Bien sûr, leurs avis peuvent être utiles. Mais personne, sauf papa, ne peut saisir comme vous le faites toutes les nuances des besoins de votre enfant.

**Vous voyez votre enfant sous son meilleur jour lorsqu'il vous fait un super câlin.**

Les parents d'un enfant sont les mieux placés pour avoir le dernier mot et décider ce qui est bien pour lui. Chaque jour, vous mettez le temps qu'il faut pour vous occuper de lui et pour apprendre toujours davantage comment il fonctionne. Alors, faites-vous confiance.

## Certaines choses sont plus faciles que d'autres

Il se peut que vous soyez plus confiante dans certains domaines, entre autres celui de la discipline et moins dans celui des repas en famille (votre cadet se montre plus difficile que jamais avec la nourriture).

Certains parents perdent confiance en eux quand leurs enfants entrent dans une période difficile comme la puberté. Toutes les mères doivent parfois y aller à tâtons et prendre un grand

« Mon pédiatre m'a recommandé d'essayer de laisser notre fils crier jusqu'à ce qu'il tombe endormi et ça s'est retourné contre nous : il ne s'endormait plus tout seul et ses siestes raccourcissaient et devenaient de plus en plus difficiles.
À un moment donné, nous avons enfin réussi à le faire dormir en procédant à tâtons. J'aimerais bien que les docteurs réalisent qu'une méthode ne fonctionne pas obligatoirement avec tous les enfants ! »
*-Becca V*

nombre de décisions difficiles, entre autres quoi faire avec la rivalité entre frères et sœurs quand elle prend des proportions démesurées. Si une personne ébranle votre confiance en votre propre jugement, prenez connaissance des étapes consignées ci-contre pour vous aider à maîtriser sans culpabilité la prise de décision.

## Identifiez les obstacles

La première option que vous avez choisie pour votre enfant bute-t-elle contre quelque chose ? Cet obstacle est-il réel ou imaginaire ? En voici quelques-uns bien réels : vous et votre mari êtes en désaccord sur ce qu'il faut faire, la décision toucherait le reste de la famille ou elle irait à l'encontre de la plupart des conseils des experts. Par contre, voici certaines difficultés qui n'ont pas d'importance à long terme : des amis ne sont pas d'accord avec vous ou encore l'opinion d'un expert diffère de la vôtre. Si l'obstacle est bien réel, il faudra le surmonter. Voici comment le gérer :

**Vous contre votre mari.** Vous gagnez ? Youpi ! Bon, je blague. En premier lieu, vérifiez si votre mari est vraiment en désaccord en écoutant ce qu'il en pense et ensuite expliquez-lui votre point de vue. Essayez de ne pas vous mettre sur la défensive, surtout si vous êtes divorcés. Vous avez le même but, c'est-à-dire faire ce qu'il y a de mieux pour vos enfants. Il existe de nombreuses raisons pour lesquelles les couples sont en désaccord sur les méthodes d'éducation. Ces différends émanent parfois d'autres problèmes. Allez consulter le chapitre 10 pour plus de détails concernant les échanges avec le papa des enfants.

**Votre instinct contre la science.** Vous devez disposer de quelques sources fiables d'information vitale sur la santé et la sécurité. Par exemple, combien de comprimés de Tylenol pouvez-vous donner à votre petit de trois ans ou que faire si votre gamin exécute un triple saut périlleux et atterrit sur la tête. Cependant, toutes les affirmations des scientifiques ne sont pas exactes. Adressez-vous à votre pédiatre lorsque vous

# Envoyez gentiment promener les bien-intentionnés

Voici cinq stratégies pour désamorcer des conseils non sollicités et ne pas avoir à changer vos méthodes :

**1** **Adoucissez votre « non » par de la nostalgie**
Votre grand-mère : « Ma mère m'aurait lavé la bouche avec du savon ! » Vous : « C'est drôle comme les méthodes d'éducation ont changé au fil des ans, non ? »

**2** **Faites de l'humour**
Votre belle-mère : « J'ai lu que les enfants qui lavent la vaisselle chez eux ne réussissent pas si bien que ça à l'école ! » Vous : « Hum… Intéressant ! Je vais y penser. »

**3** **Renforcez votre autorité**
Votre voisine : « Vous n'allez pas laisser votre fils se rendre à l'école à vélo ? » Vous : « J'ai fait beaucoup de recherches sur la sécurité et je n'y vois aucun problème. »

**4** **Rejetez la faute sur l'expert**
La gardienne : « Ce serait le moment pour votre enfant d'apprendre la propreté. » Vous : « Ma pédiatre pense que je dois attendre que mon bébé soit plus vieux. »

**5** **Faites diversion**
La caissière : « Si vous leur achetez des bonbons quand ils vous le demandent, ils vous manipuleront. » Vous : « Ces pâtes ne sont pas en promotion ? »

vous posez des questions et mettez en favori un site fiable, comme la Société canadienne de pédiatrie, pour des questions moins urgentes à élucider quand tout le monde est couché.

**Le besoin d'un membre de la famille contre le besoin d'un autre.** C'est un des conflits les plus difficiles à résoudre. Votre famille forme un tout et vos décisions doivent tenir compte de tous ses membres, pas seulement de celui qui n'est pas d'accord. Vous avez déniché une formidable école privée pour votre aîné,

**Pour être une mère heureuse, il faut parfois prendre la décision de tordre le bras à une convention.**

mais le paiement des frais vous obligera à retarder l'entrée à la maternelle de votre plus jeune. Prenez la décision en fonction de ce qui est mieux pour vous et votre famille dans le moment présent. Quand vous pesez le pour et le contre, mettez-vous à la place de votre enfant et pensez à ses besoins immédiats, même s'ils ne correspondent pas à ce que vous aviez prévu au début.

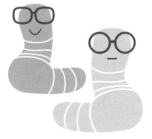

### Qu'est-ce qui est important pour vous ?
Si, après avoir tenu compte des obstacles réels, vous n'êtes toujours pas certaine de ce que vous devez faire, observez vos priorités de plus près. Les vôtres ne sont pas nécessairement celles de quelqu'un d'autre. Si vous aligniez 100 couples de grands-parents et leur demandiez d'énumérer leurs 5 grandes priorités, je vous parie que toutes les réponses seraient différentes. Par conséquent, il importe que vous creusiez un peu pour trouver les vôtres.

Demandez-vous également si le problème peut attendre. Qu'arriverait-il si vous ne passiez pas tout de suite à l'action ? Vous pouvez toujours revenir à la question dans une semaine ou un mois.

## Suivez votre propre rythme

Nos mères nous ont fait porter des chaussures orthopédiques. Et nous, nous téléchargeons des jeux de mathématiques dans nos téléphones intelligents pour pouvoir enseigner le calcul à nos bambins pendant que nous faisons la queue au supermarché. À chaque génération ses tendances ! Mais parfois, pour être une mère heureuse, il faut faire les choses à sa façon. Qui sait ? Vous pourriez être l'instigatrice d'une grande innovation !

Il n'est pas toujours facile de se faire confiance. Au début, je tergiversais selon les recherches que l'on m'avait suggérées ou ce que mes amies pensaient. Mais, tout ce que je pouvais faire, c'était me fier à mon instinct.

Même si, j'ai commis de nombreuses erreurs (dont aucune fatidique), mes enfants se portent très bien. Si j'ai une fois ou deux fait appel au chantage avec eux, ils ne se sont pas transformés en gangsters miniatures. Non, mes garçons n'allaient pas au pot à deux ans, mais ils ne portaient pas de couche au jardin d'enfants. À mes yeux, c'est le modèle parfait de l'équilibre réussi.

Chaque mois, nous, les mamans, prenons un million de décisions. Au fil des années, nous accomplirons de bonnes choses, mais certains détails laisseront à désirer. Mais tout s'équilibre en fin de compte. Alors, ayez confiance et expérimentez jusqu'à ce que vous trouviez ce qui fonctionne pour vous et pour vos enfants. C'est vous l'experte.

## ( Démarrage rapide facile )

Demandez à trois personnes en qui vous avez confiance, et aussi à vos enfants, s'ils sont en âge de parler, la raison pour laquelle ils pensent que vous êtes une mère formidable. Notez leurs réponses ainsi que ce que vous en pensez. Relisez ces notes chaque fois que vous hésitez ou que vous avez l'impression d'être une mauvaise mère.

# 4

restez dans le vrai

Si vous vous inspirez des publicités télévisées, vous en conclurez que les mamans sont des femmes qui adorent faire le ménage. Sauf les célébrités, bien sûr. Celles-ci ont une peau impeccable et retournent à leur emploi du temps surchargé plus rapidement que vous ne pouvez trouver la télécommande sous les coussins du canapé. Et, bien entendu, n'oublions pas les mamans blogueuses qui folâtrent dans leur ferme biologique.

Vous avez saisi qu'Hollywood est une terre d'illusions peuplée de chirurgiens esthétiques et d'entraîneurs privés. Et que les enfants des blogueuses champêtres ont de la crotte de bique sur leurs chaussures. Mais plus vous voyez d'images de gentilhommières à toit de chaume plus le risque est grand que pensiez avoir raté quelque chose.

J'ai certes moi-même succombé au désir de trouver une identité de mère idéale. Au début, j'ai essayé de devenir une mère spirituelle. J'ai imaginé que la vie de mes enfants évoluerait dans une utopie autonome en compagnie de musique de méditation et d'une ribambelle d'expériences spontanées. Mais, à la place, je me suis retrouvée avec des marques de peinture sur la table, de la boue sur la moquette et un profond sentiment d'épuisement.

Non pas parce que je n'aime pas chanter ni faire des créations artistiques avec des macaronis, mais parce que je me forçais à les faire même quand je n'en avais pas envie. J'essayais d'être quelqu'un que je ne suis pas et cela s'est retourné contre moi.

## La réalité, un point c'est tout !

Mon quatrième secret pour être heureuse, c'est de *rester dans le vrai*. Ce n'est pas toujours aussi facile que cela devrait l'être. Il faut savoir équilibrer les choses. D'un côté, rester dans le vrai veut dire ne pas s'accrocher à tous les aspects qui étaient les vôtres avant votre grossesse, même si tout vous pousse à le faire. Il est certain que les médias glorifient les vedettes qui retrouvent leur silhouette et leur poids d'avant leur grossesse en un mois, en les collant sur la couverture de tous les magazines.

Et qui n'aime pas (bon d'accord, prétend aimer) cette collègue de travail qui vient de donner naissance à des triplés et qui passe ses vacances en Amérique du Sud à construire des maisons pour les pauvres ? Tout ça, c'est du vent. Il est stupide de penser que les enfants ne dérangeront pas notre vie à un degré ou à un autre. Être mère exige énormément d'attention et de ressources. C'est pour cette raison qu'aucune mère n'a le temps de s'adonner pleinement à ses anciennes activités.

Ceci étant dit, vous ne restez pas non plus dans le vrai si vous reléguez aux oubliettes tout ce que vous aimiez avant d'être maman. Il est important de garder ces aspects intacts, entre autres votre sens de l'humour ou votre habitude d'envoyer à vos amis des cartes-surprises.

Au lieu de vouloir vivre en fonction de l'idée que vous vous faites de la mère que vous devriez être, acceptez d'être la mère que vous êtes. Elle est encore mieux !

Comment restez-vous dans le vrai ? Le test suivant vous aidera à découvrir si vous êtes plus vraie que les vedettes de téléréalité.

{ **Entre mamans** }

« Parfois, je suis la supermaman, avec ma cape repassée fixée bien droite sur mes épaules, les biscuits faits maison prêts pour la fête de la classe, les cheveux de mes fillettes ornés d'un ruban assorti à leurs chaussettes. D'autres fois, je suis la maman traîne-savate, je sers des céréales froides à midi, les planchers sont sales, les lits défaits et les cheveux de mes petites princesses en bataille. Je suis loin d'être la mère parfaite, mais je suis la maman idéale pour mes enfants. »
-Kelsey

# Q/R

## Que la vraie mère se lève !

**Devenir mère signifie subir des changements, et non pas devenir quelqu'un d'autre. Qu'en est-il pour vous ?**

1 *Après la naissance de votre enfant, qu'est-il arrivé à vos vieilles habitudes ?*
   **a.** Elles sont parties par la fenêtre.
   **b.** C'était la folie au début, mais vous avez recommencé à lire le journal et à faire de la course à pied.
   **c.** Vous n'avez pas manqué un seul événement ni une seule heure de sommeil.

2 *Lorsque votre fille veut prendre part à une activité qui ne vous intéresse pas, que faites-vous ?*
   **a.** Vous avez toujours détesté le basketball, mais vous pouvez entraîner une équipe de filles de 10 ans, pas vrai ?
   **b.** Vous la conduisez à son entraînement, mais vous l'encouragez de loin.
   **c.** Non vous ne serez pas dans les estrades. Le hockey sur gazon, quel ennui mortel !

3 *Vous bavardez avec une autre maman, à la fête d'anniversaire de votre fils, qui vous dit être restée debout toute la nuit pour préparer le gâteau de sa fille. Vous regardez le gâteau que vous avez acheté et qui porte le nom de votre fils et vous pensez…*
   **a.** « L'année prochaine, je ferai le gâteau moi-même. »
   **b.** « Tant mieux pour elle, mais moi je préfère faire de la peinture avec mon fils que des gâteaux de luxe ! »
   **c.** « Faire un gâteau ? Non merci. »

4 *Vous et votre fillette de deux ans êtes inscrites à un cours de musique pour bambins…*
   **a.** Vous souffrez en silence tout en faisant alterner visage impassible et visage maussade.
   **b.** Vous donnez une autre chance au cours de musique et, si vous ne vous amusez pas davantage la semaine prochaine, vous irez manger une glace à la place.

**c.** Vous passez un tour. Les cours de musique pour bambins, ce n'est pas votre truc, vous le savez très bien.

5  *À quel point la maternité a-t-elle changé votre apparence?*
    **a.** Du tout au tout. De la coupe de cheveux (fini la mise en plis) jusqu'aux chaussures (adieu les talons).
    **b.** Vous enfilez des collants de yoga même si votre journée ne prévoit rien qui se déroule sur un tapis.
    **c.** Votre site d'achat en ligne fonctionne en permanence et vous vous faites teindre les repousses tous les mois.

6  *Votre fille aime beaucoup sa nouvelle copine de classe, mais vous trouvez la mère de celle-ci ennuyeuse. Que faites-vous?*
    **a.** Vous vous liez quand même avec cette femme barbante parce que vous voulez que vos deux filles restent amies.
    **b.** Vous invitez la famille de la petite fille à un barbecue. Qui sait? Peut-être que cette femme est drôle…
    **c.** Vous encouragez votre fille à se trouver d'autres amies dont les mères sont sur la même longueur d'onde que vous.

## Clés des réponses

**A en majorité. Femme entre parenthèses.** Votre ancienne identité a disparu pour laisser place à une maman toujours habillée en jean's.

**B en majorité. Toujours prête.** Même si vous avez balancé certains de vos CD de musique indépendante pour écouter de la musique branchée, vous êtes toujours vous.

**C en majorité. Statu quo extrême.** Il est certes important de garder des parties de votre ancienne identité, mais il faut accepter les changements positifs qui surviennent quand on est maman.

J'espère que ce test vous aura aidée à en apprendre un peu plus à votre sujet et sur votre nouvelle devise. Regardons plus en détail ce qui en ressort de bien.

### Explorez avec hardiesse les territoires inconnus

Lorsque vous avez su que vous étiez enceinte, il y a de fortes chances pour que vous ayez imaginé tout ce que vous pourriez faire découvrir à votre enfant : les balançoires, les cours de natation, la confection d'un gâteau d'anniversaire. Mais n'avez-vous jamais pensé aux choses que vous pourriez vous-même découvrir ?

Explorez les territoires que de nombreuses mamans avant vous ont explorés et essayez les choses que votre enfant adore. Vous ne vous en porterez que mieux. Vraiment !

Essayer de nouvelles activités avec son enfant permet de découvrir de nouvelles choses à aimer soi-même, qu'il s'agisse de minigolf ou de ces beignets de légumes qui ressemblent à du polystyrène.

**Si l'histoire se termine sans que personne saigne, vomisse ou ruine un vêtement, cela vaut la peine d'essayer.**

Et ces petites découvertes peuvent faire de vous une maman plus heureuse puisque la liste des choses auxquelles vous pouvez vous fier quand vous avez besoin d'un petit remontant s'allongera. Par exemple, disons que vous envisagez d'aller séjourner dans un motel qui ne sert pas de petit-déjeuner gratuit, mais que votre fils de sept ans doté d'une âme de naturaliste veuille passer une nuit sous la tente comme les Amérindiens ! Même si c'est tentant d'envoyer le père dans la forêt avec du chasse-moustiques, vous pourriez étendre votre sens de l'aventure qui n'a jamais été plus long que le fil électrique de votre séchoir. Vos enfants apprécieront cet effort de votre part, vous aurez l'occasion d'établir des liens de façons différentes.

## Appropriez-vous la décision

Voici quelques conseils pour apprendre à apprécier les nouvelles activités que vous faites avec vos enfants. Cela pourrait devenir le début d'un passe-temps à deux que vous perpétuerez avec plaisir pendant des années ou une histoire drôle à raconter plus tard.

**Demandez-vous ce qui pourrait vous arriver de pire.** Disons que vous avez accepté de jouer sous la pluie ou de participer à un concours familial d'épellation de mots. Imaginez le scénario. Si l'histoire se termine sans que personne saigne, vomisse ou ruine un vêtement, cela vaut la peine d'essayer. De toute façon, personne ne dit que vous devrez faire ces choses quotidiennement.

**Ne vous engagez pas dans de trop grosses dépenses.** Votre fille vous supplie de l'emmener faire du vélo et vous ne savez même pas si vous avez encore le sens de l'équilibre. Avant de vous délester de plusieurs centaines de dollars, demandez à une voisine si vous pouvez emprunter sa bicyclette.

**Voyez le bon côté des choses.** C'est sûr, si vous allez à la plage, cela veut dire que vous devrez ensuite passer l'aspirateur dans la voiture pour enlever le sable. Mais vous pourrez rester assise au soleil pendant une heure et vos enfants se seront tellement démenés qu'ils feront une très longue sieste en rentrant. Si vous regardez le bon côté des choses, vous pourriez décider qu'un peu de sable en vaut la chandelle.

**Essayez une fois, une deuxième fois puis une dernière fois.** Je me donne trois chances pour aimer quelque chose avant de laisser tomber à tout jamais. Par exemple, durant ce premier cours *Maman et moi*, tout va de travers. Durant le second, vous sentez que l'apprentissage s'installe. Et au troisième, vous maîtrisez certaines chansons, vous vous rappelez le prénom de certaines des mamans présentes et vous savez réellement si vous voulez revenir ou pas.

# Vous + la maternité = génial !

Peut-être que vos seins plongent un peu vers votre nombril et que vous avez remplacé votre voiture sport par une minifourgonnette. Mais pensez à toutes les belles choses que la maternité vous a enseignées :

1. **La confiance.** Même la mère la plus réfractaire aux conflits peut se transformer en tigresse rugissante quand son petit a besoin d'elle. Grrr !

2. **La compassion.** Il y a longtemps, vous auriez fustigé du regard la mère dont l'enfant hurlait dans un restaurant. Maintenant, vous savez ce qu'elle ressent.

3. **La concentration.** Hé ! vous êtes en train d'élever des citoyens épanouis ! Qui a du temps à gaspiller pour les choses sans importance ?

4. **L'organisation.** Débarrassez-vous de vos peurs de devenir une mère éreintée. La maternité nous rend en fait plus rusées et plus efficaces.

5. **La patience.** Avec les enfants, vous ne manquez pas d'occasions d'apprendre à réagir calmement lorsque les choses tournent au vinaigre.

## Choisissez ce qui vous plaît

Vous essayez de nouveaux trucs ? Qui sait, cela pourrait inciter votre collégien à essayer les choux de Bruxelles ! Essayez de nouvelles activités, mais tenez-vous-y seulement si vous les aimez et qu'elles ne prennent pas le dessus sur vos anciens passe-temps préférés. (Consultez le chapitre 9 si vous voulez ajouter de nouvelles activités aux anciennes.)

Peut-être vous attendiez-vous à relaxer à ce cours de yoga avec bébé, mais la cacophonie des pleurs des nourrissons vous épuise. Ou vous avez compris que vous n'aimez pas le yoga. On s'en fiche si le sosie de Demi Moore dans votre club de lecture dit que cet exercice lui a redonné des abdominaux d'enfer !

Par ailleurs, il y a des activités que vos enfants peuvent apprécier tout seuls, par exemple accumuler des points en jouant à leur jeu préféré. La parenté, les amis, les enfants du quartier et l'école peuvent s'avérer de superbes façons d'exposer vos enfants à quelque chose que vous n'aimez pas. Vous pouvez vous épargner frustrations et larmes en laissant votre voisine, qui est une crac en maths, aider votre fils à faire ses devoirs d'algèbre et, en retour, aider sa fille à rédiger sa dissertation d'anglais.

## La mère préférée de votre enfant

Ces tactiques vous aideront à mettre au point le stratagème ultime, celui de laisser la maternité faire de vous une personne meilleure et plus heureuse, et non pas un individu complètement nouveau.

Ne craignez pas d'être qui vous êtes vraiment, même si vous n'êtes pas douée pour faire plusieurs choses en même temps ou que vous ne savez pas faire voler un cerf-volant.

( Démarrage rapide facile )

À table, demandez à tous les membres de votre famille d'écrire sur une feuille cinq choses qu'ils aimeraient faire en famille, comme essayer un nouveau restaurant ou nager dans un lac. Cette semaine, compilez toutes les idées pour en faire la liste des souhaits de la famille et cochez une des activités proposées.

# 5

## trouvez votre tribu

Quels sont les éléments qui figurent sur votre liste de choses à avoir sous la main ? Une trousse de premiers soins ? Cochez. Le numéro de portable d'une gardienne d'enfants ayant suivi une formation en techniques de sauvetage ? Cochez.

Mais avez-vous pensé à un groupe de soutien, d'amies et peut-être aussi à vos sœurs et belles-sœurs pour vous épauler dans les moments difficiles ou préparer une margarita lorsque vous voulez vous amuser ? Une telle tribu devrait aussi faire partie de votre liste.

**Il n'est pas facile de voir les amies alors que vous avez à peine le temps de vous brosser les dents.**

Mon cinquième secret est le suivant : *Trouvez-vous une tribu.* Toutes les mamans ont besoin de se faire offrir quelques gâteries pour se sentir mieux. C'est vital pour que vous soyez heureuse et, par conséquent, une meilleure mère. Cela peut même améliorer votre santé. En effet, un des plus grands facteurs de dépression est l'isolement.

Avec un horaire si chargé, qui peut vous en vouloir si votre cercle d'amies s'est affreusement rétréci et se résume à quelques mamans dont les enfants ont le même âge que le vôtre ? Peut-être ne savez-vous pas quel est le meilleur moyen de rencontrer de nouvelles personnes. Dans ce chapitre, il sera question des copines formidables.

## Les genres d'amies dont toute maman a besoin

Avoir un solide réseau d'amies, c'est plus qu'une liste de contacts dans votre téléphone intelligent. Que vous aimiez vous retrouver en groupe ou préfériez le contact avec seulement quelques personnes intimes, voici la liste des amies que vous devriez avoir :

**L'amie au grand cœur.** Celle qui est prête à supporter une douzaine d'essayages de blouses avant que vous en trouviez une qui vous avantage. Rendez la pareille à votre façon, pour que votre amie ne commence pas à sentir que la relation est à sens unique. (Si par contre vous vous sentez coupable parce que vous constatez que c'est le cas, consultez la section *On se perd de vue et on se retrouve*, où je vous aiderai à réanimer une amitié qui se trouve dans un état critique.)

**L'amie qui est dans le moment présent.** Elle est heureuse de revenir (pour la quinzième fois) sur le sujet de l'âge que les enfants devraient avoir pour obtenir la permission de se servir d'un téléphone cellulaire ou opine avec enthousiasme parce que vous vous émerveillez devant le zozotement de votre bambin. Maman elle aussi, elle passe par les mêmes phases que vous. Ce genre d'amitié peut s'avérer difficile à maintenir si la vie d'une des mères change.

**L'amie qui a de l'expérience.** Un piège dans lequel les nouvelles mamans ont tendance à tomber, c'est de se tenir seulement avec d'autres nouvelles mamans. Mais les mamans qui ont de l'expérience, sont de merveilleuses sources de conseils pratiques et de soutien affectif. Elles savent quand il faut s'inquiéter et quand il ne le faut pas. Ceci étant dit, même la plus patiente et chaleureuse des amies ne devrait pas seulement être une copine parce qu'elle vous donne de brillants conseils. Vous pouvez, et même devriez, l'appeler pour discuter avec elle de sujets qui n'ont rien à voir avec les enfants.

{ **Entre mamans** }

« Ma très chère amie et voisine Anna est venue à ma rescousse en beauté. Alors que j'étais enceinte de 28 semaines et que je devais me rendre à l'hôpital, je l'ai appelée pour qu'elle garde mon fils. Elle m'a non seulement conduite à l'hôpital, mais a également gardé mon enfant pendant deux jours complets. Elle lui a même acheté un maillot de bain pour pouvoir l'emmener à la piscine afin de le distraire ! »
-*Allison*

# Q/R

## Qui allez-vous appeler ?

**Avez-vous toutes les amies dont une mère a besoin ? Posez-vous les questions suivantes :**

1   *Si quelque chose d'important arrivait, comme un problème conjugal ou des problèmes épineux au travail, à qui vous confieriez-vous ?*

2   *La garderie est fermée parce qu'il y a une panne d'électricité mais vous ne pouvez pas rater un rendez-vous. Pouvez-vous demander à quelqu'un de surveiller vos gamins... même si cette personne sait qu'elle devra danser toute la matinée sur la musique du dernier CD des Petites tounes ?*

3   *Y a-t-il quelqu'un dans la fonction composition automatique de votre téléphone que vous pouvez appeler pour un problème mineur, comme demander ce que «accoutrement festif» veut dire ?*

4   *Vous pétez les plombs et il faut que vous sortiez de la maison. Qui rappliquera en vitesse pour aller avec vous au café le plus près ?*

5   *Lorsque votre enfant fait ses premiers pas, qui, après votre conjoint, appelez-vous pour raconter le grand événement ?*

6   *Si vous avez besoin d'un avis pour savoir si vous devez vous entraîner plus souvent en salle, qui vous fera faire le tour des agrès au gym pour ensuite vous donner son avis ?*

Disons que vous avez une solution pour chaque scénario (si c'est le cas, vous êtes mieux placée qu'un grand nombre de femmes), relisez tout de même les questions. Cette fois-ci, supposez que la première personne que vous avez nommée n'est pas libre. Que faites-vous ? Le moment est peut-être venu d'agrandir votre cercle d'amies.

**L'amie qui dit les choses telles qu'elles sont.** Nous avons toutes besoin d'au moins une amie qui nous dise la vérité en face. C'est cette fille qui n'a pas peur de vous dire de ne pas envoyer un message Facebook du genre «Comment ça va?» à l'ancien petit ami qui vous a laissé tomber, celle qui vous dit de cesser de vous inquiéter si les vêtements de votre enfant ne sont pas parfaitement assortis. Peut-être n'aurez-vous pas toujours envie d'entendre l'opinion de cette amie, mais il y a de fortes chances pour qu'elle ait raison.

Assurez-vous de lui dire à quel point vous appréciez son honnêteté, même si vous ne faites pas toujours ce qu'elle vous suggère. Une telle amitié ne peut fonctionner que si la personne agrémente ses critiques de louanges. Cette amie devrait aussi être disposée à entendre le même genre de commentaires, ou admettre qu'elle n'en est pas capable.

**L'amie sans enfant.** Qui d'autre peut vous rapporter les cancans sur les derniers divorces de célébrités maintenant que votre lecture aux toilettes est *Coup de pouce* au lieu du *Lundi*? Comme cette amie n'a pas besoin d'appeler une gardienne, elle sera probablement prête à sortir une fois que vous aurez bordé les enfants. Toutefois, rappelez-vous qu'une amie qui n'est pas habituée aux enfants peut être dérangée par le fait

**Une vraie amie n'a pas peur de vous dire de ne pas envoyer un message Facebook à un ancien petit ami.**

que vous interrompiez un commérage juteux pour dire à vos enfants d'arrêter de mettre leurs crayons de couleur dans le lecteur de DVD.

Toutefois, comme la maternité représente une énorme partie de votre vie, elle ne peut s'attendre à ce que vous agissiez comme si ce n'était pas le cas. Alors, vous pouvez lui raconter

« Il est difficile de sortir avec un bébé, mais beaucoup plus pratique d'inviter des amies à déjeuner. Je leur dis que c'est un repas composé d'une salade ordinaire et d'un sandwich que chacune se prépare. Elles sont très contentes de venir parce qu'elles ont aussi besoin de rencontrer des adultes ! »
*-Maman C*

ce moment surprenant où votre enfant a fait un doigt d'honneur à votre belle-mère, mais faites ça court. Ensuite, demandez-lui vite où en est sa vie amoureuse.

### Comment se faire des amies ?

Vous connaissez maintenant les genres d'amies dont vous avez besoin. Par contre, se faire des amies est plus facile à dire qu'à faire. Comment entrer en contact avec une autre maman en même temps que vous tapez des mains et chantez une comptine ?

Cela peut être intimidant, mais vous pouvez le faire. Vous êtes toujours la même personne que celle qui avait des amies à l'école élémentaire.

L'association des parents d'élèves est une formidable façon de rencontrer les mamans des amis de vos enfants. Si vous travaillez à l'extérieur, cela peut s'avérer plus difficile puisque vous ne pourrez pas être aussi présente dans la salle de classe au cours de la journée. C'est là que les sièges d'auditorium entrent en jeu. Pendant un match de baseball ou un spectacle à l'école, demandez à votre voisine : « C'est lequel le vôtre ? » et partez de là.

## Comment entrer en contact avec une autre maman pendant que vous tapez des mains et chantez une comptine ?

Si vos enfants sont tout petits, une des meilleures façons de trouver des amies, c'est de vous joindre à un groupe d'autres mères dont les enfants ont le même âge que le vôtre. Renseignez-vous auprès des hôpitaux, lisez les dépliants dans les boutiques pour enfants, ou fouinez sur les forums. Les activités pour maman et bébé sont très à la mode : cardio-poussette, aqua- poussette, yoga, danse… Une belle opportunité pour faire des rencontres.

# Six façons de nouer des liens, même pour les plus timides :

1 Soyez serviable. Pendant qu'une autre mère parle, pensez à votre liste de contacts. Se plaint-elle de ne pas trouver une bonne école de yoga ? Prenez son numéro et appelez-la pour l'inviter à essayer votre cours. Elle deviendra peut-être votre compagne de méditation.

2 Rassemblez les listes d'adresses électroniques des mères de votre entourage.

3 Servez-vous de vos enfants comme prétexte. « Sam et Maya s'entendent bien ? Nous devrions les faire jouer plus souvent ensemble. »

4 Demandez de l'aide pour faire des connaissances. Vous avez une sœur ou une amie qui semble connaître tout le monde ? Demandez-lui de vous présenter des gens.

5 Soyez présente. Mentionnez le fait que vous allez toujours à une séance de step le mardi à 11 heures et assurez-vous d'y être.

6 Faites circuler l'information. Ayez toujours dans votre sac de quoi noter les adresses électroniques, Soyez prête en tout temps à échanger vos coordonnées.

Ce ne sont pas toutes les connaissances que vous ferez qui deviendront vos amies. Si la balle que vous avez lancée dans le camp de l'autre ne revient pas, lancez-en une autre.

«J'ai toujours eu de la difficulté à briser la glace avec les autres mamans jusqu'à ce que je me présente à une rencontre avec des bonbons faits maison. Ils ont fait un malheur! Comme tout le monde voulait la recette, j'ai demandé à toutes les mères d'écrire leur adresse électronique sur une feuille. À partir de là, les occasions de rencontre se sont multipliées!»
-C. M.

Vous pourriez créer un club, que votre passe-temps préféré soit la création de courtepointes, le volley-ball ou la danse du ventre. Vous pourriez aussi vous joindre à un club qui existe déjà dans une boutique d'artisanat, un centre d'entraînement ou un théâtre communautaire. Mon expérience me permet d'affirmer que les clubs de lecture ont tendance à se transformer en salons de conversation, comme à l'apéritif.

Vous entretenir avec vos amies en ligne peut s'avérer une bénédiction parce que votre ordre du jour bien chargé n'en sera pas dérangé. Vous pouvez vous mettre à l'ordinateur le soir, entre les tétées ou pendant que les enfants sont à l'école. Un petit avertissement cependant: Internet est une formidable façon de connaître d'autres mamans et de garder le contact, mais il ne faut pas remplacer les amitiés concrètes par des amitiés virtuelles. Essayez de réduire votre temps en ligne et mettez-le à profit pour rendre visite à une amie ou passer un appel.

## Ne vous retrouvez pas en clique

Nous aimerions toutes croire que les cliques et les petites jalousies de l'école secondaire sont loin derrière nous. Par contre, vous pouvez facilement vous sentir exclue quand vous essayez de déchiffrer le code social de votre voisinage ou celui de l'école de votre enfant. Si vous crevez d'envie de vous immiscer dans ce groupe de mamans qui discutent avec un plaisir évident et dont les enfants se connaissent pratiquement depuis leur naissance, qu'avez-vous à perdre? Mettez vos peurs de côté, avancez, dites bonjour et présentez-vous. Et si vous trouvez qu'elles ne sont pas réceptives, créez votre propre clan, une personne à la fois. Très rapidement, vous aurez votre propre groupe sur qui vous pourrez compter. Ce faisant, n'oubliez pas que la solitude peut peser quand on est dans l'entre-deux. Alors, tendez la main à d'autres mères qui ont l'air aussi peu assurées que vous autrefois.

## Mettez fin à certaines amitiés

Entre les moments où vous cherchez des morceaux de legos égarés et ceux où vous empêchez que les séances de chatouilles entre frères et soeurs dégénèrent en séances de pleurs, vous avez votre dose de drames. Certes, il faut faire des efforts pour développer l'amitié. Par contre, si vous avez l'impression que vous passez tout votre temps à rendre une certaine amie heureuse, il y a de bonnes chances que cette amitié ne fonctionne pas.

Voici certains signes qui disent qu'il est peut-être temps de mettre la pédale douce dans cette relation ou même de couper les liens. Vous devez faire de gros efforts pour garder le contact, elle annule à la dernière minute pour une raison moins qu'urgente, c'est elle qui parle tout le temps ou vos rencontres vous laissent vidée au lieu de vous donner de l'énergie. Il serait peut-être bon de remettre cette amitié en question.

**Il n'est jamais facile de mettre fin à des relations amicales. Pourtant, c'est comme nettoyer la poubelle à compost, c'est parfois nécessaire.**

Il n'est jamais facile de mettre fin à des relations amicales. Pourtant, c'est parfois nécessaire, tout comme il est essentiel de nettoyer la poubelle à compost. Si vous ressentez un creux à l'estomac quand vous voyez le numéro d'une copine apparaître sur votre téléphone, c'est que vous avez peut-être besoin de prendre le large. Ces éloignements ne sont pas obligatoirement permanents.

D'une façon comme d'une autre, donnez-vous toutes les chances et faites en sorte que la séparation se fasse sans heurt. Retirez-vous délicatement de la relation en passant moins de temps avec cette personne. Soyez aimable, mais rendez-vous indisponible.

# On se perd de vue et on se retrouve

Cela arrive aux meilleures amies. C'est la folie dans votre vie, vous ratez un appel ou six et vous n'avez plus le courage de relancer les choses. Mais les véritables amies restent liées en profondeur, même quand la vie les sépare. Peu importe qui a amorcé la coupure, si cette amitié est importante à vos yeux, essayez d'envoyer un message électronique ou attrapez le téléphone.

Si un appel qui arrive de nulle part semble bizarre, attendez l'anniversaire de votre amie et envoyez-lui une carte avec un petit cadeau attentionné. Voici quelques autres suggestions : envoyez-lui une photo de vous deux que vous avez retrouvée « par hasard » ou même passez le téléphone à votre enfant pour qu'il lui fasse un coucou et que cela brise la glace entre vous. Qui pourrait dire non à cela ?

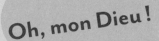

Bonjour Christine, je voulais...

Oh, mon Dieu !

## Comment être sur la liste de quelqu'un

La meilleure façon de se faire de bonnes amies, c'est d'en être une. Même si votre temps et votre patience ont des limites, vous pouvez montrer à vos amies que vous prenez soin d'elles en faisant preuve de sollicitude. Du supermarché, envoyez un texto à votre voisine pour vérifier si elle a besoin de lait. offrez de raccompagner les enfants d'une autre maman après la répétition de la chorale ou envoyez à votre meilleure amie un article de magazine qui vous a fait penser à elle. Vous pourriez la surprendre davantage en envoyant l'article par courrier normal, ce qui a son charme.

Et si la page Facebook d'une amie indique qu'elle connaît des moments difficiles, appelez-la. Le plus beau cadeau que vous puissiez faire à une amie, c'est d'avoir confiance en ses objectifs. Alors, encouragez-la et proposez-lui de surveiller ses enfants après l'école les soirs où elle travaille tard.

L'aide concrète est presque toujours bienvenue. N'attendez pas que l'on vous sollicite. Lorsque vous êtes chez votre amie à ne rien faire, proposez-lui votre aide pour plier le linge ou mettre les couverts dans le lave-vaisselle, tout en discutant. Vous pouvez aussi la libérer de ses enfants : une heure à faire les courses sans les enfants peut ressembler au paradis.

## Amies pour toujours

Ne sous-estimez pas à quel point un petit geste peut aider une amie dans une mauvaise passe à se requinquer ou à enjoliver une soirée minable. Et si vous êtes vous-même en perte de vitesse, il est fascinant de constater à quel point il est facile d'aider quelqu'un.

Chaque maman doit absolument avoir sa tribu. Avec un peu d'effort et de créativité, vous pouvez créer votre propre groupe, qui vous procurera le soutien dont vous avez besoin. Et vous pouvez à votre tour être l'amie dont toute maman a besoin.

# 6

suivez le courant

Nous sommes toutes passées par là. Votre ordre du jour vous semblait parfaitement raisonnable : accompagner votre fils à son cours de karaté, faire un détour au supermarché, ramasser les vêtements chez le nettoyeur, repasser prendre votre fils. Mais vous ne saviez pas que fiston oublierait sa ceinture dans sa chambre, ni que votre voiture se mettrait à faire le bruit d'un bison en chaleur.

Vous pensez qu'il y a encore moyen de sauver la soirée ? C'est certain, surtout si *vous suivez le courant*, ce sixième secret pour être une mère heureuse. Quand on a des enfants, notre vie est toujours un peu hors de contrôle. Il est tentant d'essayer de circonscrire le chaos en s'accrochant davantage. Mais, en tant que mères, s'il y a une chose sur laquelle nous pouvons compter, c'est que les choses ne se passent pas toujours comme nous l'avions prévu. Deux options s'offrent à nous. Soit nous nous en tenons au programme initial et avons constamment l'impression d'avoir enfilé nos collants en vrille, soit nous refusons de laisser ce dysfonctionnement se produire.

Faire preuve de flexibilité, c'est plus que simplement résister à la tentation de surcharger votre agenda quotidien. C'est un état d'esprit. Avec des enfants, le changement est inévitable et inattendu. Par exemple, disons que votre fille ne réussit pas à s'extirper de ses collants de danse à temps et qu'elle fait pipi dedans une heure avant le grand spectacle. Est-ce que vous paniquez ? Vous empruntez des collants à une amie ?

Vous appelez votre conjoint pour qu'il achète des collants au magasin le plus proche?

Parfois, lorsqu'une crise survient, tout ce que nous pouvons faire, c'est respirer profondément, nous répéter que tout ira bien et imaginer une stratégie. La solution n'a pas besoin d'être parfaite (des collants de danse tout neufs), mais seulement adéquate (des collants secs qui ressemblent à s'y méprendre à ceux des autres enfants). La panique ne ferait que vous rendre stressée et anxieuse, ainsi que votre entourage.

Bien sûr, mener tranquillement la barque dans le courant, sans cesse changeant, de l'éducation (et non pas vous agripper à la barque et pagayer comme une folle pour essayer d'avancer) est beaucoup plus facile si vous organisez votre vie en prévoyant les crises de dernière minute. Que vous ayez programmé vos journées dans les moindres détails ou que vous vous rappeliez tout juste quel jour on est, je vous propose quelques conseils pour vous aider à trouver la bonne dose de flexibilité qui rendra chaque journée un peu plus coulante, saine et finalement satisfaisante.

## Programmez vos semaines, pas vos journées

Il n'y a que 24 heures dans une journée et il est facile de gaspiller temps et énergie à chercher la facture d'électricité. Tout comme les pédiatres nous conseillent de nous faire une idée de l'alimentation qui convient à un enfant difficile par ce qu'il mange au cours d'une semaine plutôt qu'au cours d'une journée, il est bon d'adopter une attitude de recul face à notre ordre du jour et à nos activités.

Il est tout à fait raisonnable de prévoir la vente en gros le lundi, l'aquarium le mardi, la foire aux livres de l'école le mercredi, mais soyez prête à changer une activité pour une autre à la dernière minute. Pour savoir de quelle façon vous suivez le courant ou pas, faites le test suivant:

# Q/R

**Quel est votre degré de flexibilité ?**

**La gardienne annule à huit heures du matin. Votre adolescente tombe de son vélo. Sortez-vous les griffes ou courez-vous vous cacher sous votre édredon ?**

1 *Pendant que vous préparez le souper, votre enfant de deux ans s'apprête à faire disparaître sa chaussure en tirant la chasse d'eau de la toilette. Vous arrivez à temps pour sauver sa chaussure mais, entre-temps, votre repas brûle. Que faire ?*

**a.** Vous improvisez. Qui veut manger des céréales ce soir ?

**b.** Vous jurez (juron que vos enfants iront ânonner devant leur grand-mère quand elle viendra la prochaine fois).

**c.** Souper ? Est-il déjà 18 heures ?

2 *Vous êtes au supermarché lorsque votre enfant se met à faire une crise épouvantable. Il hurle, donne des coups de pieds et secoue frénétiquement la tête.*

**a.** Vous filez à toute vitesse vers la caisse même si vous n'avez coché que la moitié des choses sur votre liste. Vous vous demandez le goût qu'aura votre lasagne sans fromage.

**b.** Vous serrez les dents et avancez péniblement pendant que les gens vous jettent des regards courroucés.

**c.** Vous laissez votre chariot à moitié plein dans une allée, vous prenez votre enfant et vous foncez vers la sortie.

3 *Vous aviez prévu un repas relax au restaurant avec des amis ce soir, mais votre mari a appelé : il doit travailler tard.*

**a.** Vous invitez vos amis (et leurs enfants) chez vous pour le repas. Au moins, vous pourrez enfin dire à votre belle-mère que vous avez utilisé le plat à fondue qu'elle vous a offert à Noël.

**b.** Vous vous mettez en colère et vous commencez à appeler des gardiennes d'enfants.

**c.** Vous vous résignez à rater une fois de plus une soirée entre amis.

4  *Vous vouliez emmener vos enfants à la bibliothèque et au musée aujourd'hui, mais vous vous réveillez et il fait un temps exécrable. Que faites-vous ?*

   **a.** Vous préparez de la pâte à sel à la place.

   **b.** Vous sortez les parapluies et les imperméables. Au diable la tempête.

   **c.** Vous ne prévoyez jamais rien à l'avance.

5  *Même si vous n'utilisez habituellement pas la télévision pour distraire vos enfants, une obligation de dernière minute vous incite à recourir à ce subterfuge pour les occuper.*

   **a.** Vous les laissez s'amuser à leur goût devant le petit écran.

   **b.** Vous vous en tenez à vos habitudes et passez la soirée avec eux, même si cela veut dire que vous devrez passer ensuite une nuit blanche à travailler (vive la caféine).

   **c.** Vous allumez le téléviseur et vous voilà si captivée par l'émission en cours que vous en oubliez de préparer le repas.

## Clés des réponses

**A en majorité.** Vous savez trouver le juste milieu entre structure et flexibilité. Vous n'êtes pas déphasée de relaxer au lit de temps en temps ou de remanier votre journée lorsque votre enfant se lève du mauvais pied.

**B en majorité.** Vous n'avez jamais rêvé de céder devant une lubie, des pleurs ou un temps peu clément, mais laisser vos enfants aller au lit 15 minutes plus tard de temps en temps n'en fera pas des enfants rois et vous rendra la vie un peu plus facile.

**C en majorité.** Vous êtes de ceux qui disent que les règlements sont faits pour être défaits, en supposant que vous avez des règlements. La flexibilité, c'est très bien, mais vous auriez avantage à vous structurer.

Qu'avez-vous appris des résultats de votre test? Quand vous êtes mère, la vie est pleine de surprises. Si vous avez un emploi aux horaires fixes ou si vous ne pouvez faire appel à quelqu'un pour vous seconder, le temps vous échappera encore davantage. Voici quelques conseils pour aider n'importe quelle maman à rester calme malgré la bousculade quotidienne.

## Restez vague

C'est drôle comment les enfants ont la mémoire qui flanche quand il s'agit de retrouver leurs souliers et comment ils ont une mémoire d'éléphant quand il s'agit de vous rappeler que vous leur aviez promis une gâterie. En fait, ils n'oublient pas. Jamais. Si vous doutez pouvoir respecter une promesse, surtout ne la faites pas!

Pendant qu'il est question de faire des promesses, n'oubliez pas les amis, les membres de la famille et les collègues. La vente-débarras que votre copine veut faire et à laquelle vous lui aviez promis de participer vous paraissait loin il y a six semaines. Mais l'heure a sonné et vous vous voyez mal deux journées assise au soleil brûlant. Je ne dis pas qu'il ne faut jamais rien promettre, je dis qu'il faut être certaine de pouvoir tenir ses engagements. Si une activité est fixée très longtemps à l'avance, essayez d'anticiper et prévenir tous les obstacles possibles qui pourraient rendre votre promesse difficile à tenir.

## Allégez votre ordre du jour

Si vous devez faire du covoiturage à 15 h 15, vous présenter à un cours d'art à 15 h 30, à un entraînement de soccer à 17 h et à une rencontre de groupe de parents à 19 h, comment pourriez-vous glisser un arrêt impromptu à la poste? Avec un tel ordre du jour, même un petit arrêt pour étancher la soif d'un enfant peut sembler être un grand détour.

Pendant des années, on a vendu aux parents l'idée qu'ils devaient maximiser le potentiel de leurs rejetons en les inscrivant à toutes les activités instructives possibles.

# De la panique au calme

Votre fils a oublié son devoir à la maison et ne s'en est souvenu que lorsque vous avez garé la voiture devant l'école. Comment composer avec la situation sans tomber en morceaux ?

**1** **Prenez 10 secondes pour vous calmer.** Éteignez le contact, fermez les yeux, sortez de la voiture. Faites ce qu'il faut pour que la fureur laisse place à la raison.

**2** **Faites votre enquête.** À quel point est-ce important que ce devoir soit remis aujourd'hui ? À quelle heure votre fils doit-il être à l'école au plus tard ? Qui pourrait vous aider ?

**3** **Anticipez les conséquences.** Si vous retournez à la maison, vous serez en retard au travail. Si le devoir de votre fils arrive en retard, sa note en prendra un coup. Dans les deux cas, c'est une contrariété, mais pas une tragédie.

**4** **Envisagez des solutions de rechange.** Votre mari peut-il faire un détour à la maison ce midi ? Votre fils accepterait-il une mauvaise note ? Après tout, c'est à lui de penser à apporter son devoir à l'école.

**5** **Passez à l'action.** Une fois que vous avez un plan, lâchez le morceau. Cela ne vaut pas la peine de vous disputer avec votre fils ou d'être de mauvaise humeur quand vous arriverez enfin au bureau.

« Au début, j'essayais de garder mon fils habillé des pieds à la tête en tout temps. J'ai réalisé que lui courir après pour lui remettre ses vêtements était éreintant, alors qu'il peut courir partout et heureux avec sa couche, ses culottes ou même tout nu. »

*-Lialee*

Quelque part profondément en nous, nous savions tous probablement que cette course effrénée n'avait pas de bon sens, mais laisser tomber aurait dénoté un manque de responsabilité à l'égard de la croissance des enfants. De nos jours, même les experts les plus férus conseillent aux parents de ralentir le rythme. Les enfants ont besoin de temps libre pour jouer, penser, se détendre et éviter le stress. L'ennui les pousse à la créativité.

Certains enfants et parents aiment s'activer davantage que d'autres. En résumé, vous n'avez pas l'obligation d'organiser un nombre illimité d'activités. Vous leur rendrez même service si vous établissez des limites. Chez nous, les enfants plus âgés ont le droit de participer à une activité à la fois, en dehors de l'école, et les plus jeunes ne suivent souvent aucun cours formel, surtout l'été, quand la devise de la famille repose sur la loi du moindre effort. Nous avons découvert que nous aimons aller au musée pour enfants pas loin de chez nous, nous promener à bicyclette dans la nature, parler, lire et, oui, regarder avec plaisir quelques émissions télévisées éducatives.

**Cela peut sembler contradictoire, mais quand il est bien fait, un programme peut, en réalité, rendre la vie moins rigide.**

### Entretenez la flexibilité

Cela peut sembler contradictoire, mais quand il est bien fait, un programme peut rendre la vie moins rigide. Un bon calendrier, quelques systèmes d'organisation pour tout garder sous contrôle, une liste de priorités et une bonne connaissance des activités familiales obligatoires sont essentiels pour entretenir la flexibilité.

Et si vous laissez un vide quelque part sur votre calendrier, peu importe que ce soit le mercredi matin ou le samedi après-midi, vous aurez ménagé du temps pour composer avec les trucs inattendus qui se sont présentés dans la semaine. Au pire, vous emploierez ce temps libre à enlever de la gomme prise dans les cheveux de votre fille. Au mieux, vous pourrez passer quelques heures à jouer aux cartes, à siroter de la limonade dans le jardin ou à vous blottir près de votre enfant sur le canapé, tous les deux un livre à la main.

## Comment remédier aux hoquets de la vie

Si ces changements vous font un peu peur au début, je vous félicite. C'est que vous faites bien les choses. Il n'est pas toujours facile de renoncer à l'illusion du contrôle. Parfois, j'ai l'impression que si je laisse tomber une chose, le reste va s'écrouler. J'ai ainsi découvert qu'il est plus facile de composer avec la réalité si je planifie un peu. Par exemple, remettre d'un jour les courses au supermarché ne fonctionnera pas s'il ne vous reste qu'un pot de mayonnaise et un peu de fromage moisi.

Regardons les choses en face. Ce n'est pas tout le monde qui sait suivre le courant de façon naturelle. Si c'est votre cas, vous savez qu'il vaut mieux laisser la vie remédier à ses petits hoquets (bus manqué, biscuits brûlés). Si ce ne l'est pas, vous devrez faire des efforts pour organiser votre vie afin d'être en mesure d'accueillir les surprises. Les petites choses qui vous aident à être préparée, comme une liste de gardiennes, des vêtements de rechange dans la voiture ou un jeu de société en cas de pluie, vous donnent la liberté d'y aller à l'instinct quand la vie vous envoie une tempête inattendue. En anticipant la tempête et en restant calme lorsque vous l'affrontez, vous pourrez réagir par quelque chose qui ressemble davantage à du sang-froid qu'à de la panique.

( Démarrage rapide facile )

Faites comme Coco Chanel quand vous dressez une liste de choses à faire. Écrivez tout sur cette liste, puis retirez-en un élément.

# 7

préparez le terrain

Avant d'avoir des enfants, je n'avais jamais été quelqu'un de soigné. Lorsque j'étais enfant puis adolescente, mon placard ressemblait à une scène de crime. Mais le désordre ne m'a jamais posé de gros problèmes. Il suffisait de quelques heures pour tout remettre en place, ce que j'avais amplement le temps de faire.

Puis, j'ai eu un bébé. Mon temps libre a soudain fondu comme neige au soleil, car ce petit être a mis à mal tous mes efforts d'organisation, en plus de collaborer au désordre. Avec la venue de mon deuxième enfant, je me suis efforcée du mieux que j'ai pu de maintenir l'ordre, même si je réussissais à peine à surnager dans le bazar et que je m'empêtrais les pieds dans les jouets. Et je me demandais toujours pour quelle raison ma maison ressemblait à une zone sinistrée, peu importe les efforts que je faisais.

Quand j'ai ramené mon troisième bébé à la maison, ce fut comme si j'avais reçu un coup de bâton zen sur la tête. J'ai enfin réalisé que mettre de l'ordre dans la maison n'était pas une activité que je pouvais programmer. Le maintien de l'ordre dans la maison devint un mode de vie. L'avantage à cela, c'est qu'une maison ordonnée me remonte le moral alors qu'une maison en désordre me fait appréhender que l'on sonne à la porte et qu'un étranger voie la pagaille.

Ne vous méprenez pas. Ma maison ne ressemble pas à un centre de recyclage. Mais la plupart du temps, la maison est assez propre, même si le «assez propre» veut dire que rien d'origine végétale n'y a récemment explosé. Mes raisons pour apporter cette réforme sont en partie égoïstes. Comme je passe la plus grande partie de mes journées à la maison, si je sens qu'elle est trop en désordre ou encombrée, j'ai tendance à vouloir battre en retraite et regarder la télé au lieu d'être productive.

## Au revoir, les moutons

L'intention de ce chapitre n'est pas de vous mettre la pression pour le ménage, mais plutôt de déterminer les corvées que vous voudrez faire parce qu'elles vous aideront à vous sentir libre et fonctionnelle au lieu de vous sentir dépassée. Il sera aussi question dans ce chapitre de la façon de faire du ménage une corvée moins détestée de toute la famille. Que le maniaque de l'ordre soit vous ou votre conjoint, j'imagine que l'un ou l'autre appréciera ces quelques petits conseils afin que tout le monde se sente mieux.

En constatant l'attitude que vous adoptez (ou n'adoptez pas) pour assurer l'ordre chez vous, il sera plus facile de le maintenir (sauf si vous êtes déjà une fée du logis et, dans ce cas, relaxez pour l'instant). Il est bon en premier lieu de déterminer les déclencheurs, c'est-à-dire ce qui vous rend folle. Nous avons toutes des choses qui nous irritent au plus haut point et nous donnent l'impression que la maisonnée est hors de contrôle. En vous occupant des gros trucs qui ont le don de vous rendre

**Qu'est-ce qui vous rend folle ?**
**Les chaussettes sales sous le lit ? La bouffe de chat**
**répandue sur le plancher de la cuisine ?..**

dingue (avant qu'ils vous rendent dingue), vous instaurez en vous une attitude beaucoup plus calme et productive qui vous incite à mettre aussi de l'ordre ailleurs.

Le test suivant vous aidera à déterminer si vous réagissez davantage au désordre qu'à la saleté, ou si les deux vous font péter les plombs.

# Q/R

## Nickel ou pas ?

**Certaines d'entre nous aiment que tout soit propre et bien rangé. D'autres ne reconnaîtraient même pas une éponge. Qu'est-ce qui vous reflète le plus ?**

1 *Vous ne disposez que de 15 minutes pour nettoyer la cuisine.*
  **a.** Vous passez le balai, nettoyez l'intérieur du four à micro-ondes et récurez l'évier.
  **b.** Vous essuyez les miettes qui sont sur le plan de travail et vous alignez les boîtes de conserve par ordre de grandeur.
  **c.** Vous jetez un coup d'œil à la pile de vaisselle sale qui traîne dans l'évier et vous décidez d'aller manger au restaurant.
  **d.** Vous paniquez. Quinze minutes ? Mais c'est pas assez pour tout nettoyer !

2 *Qu'est-ce qui recouvre le plus probablement le dessus de votre comptoir de salle de bains ?*
  **a.** Cela dépend si c'est avant ou après le coup de chiffon rapide du matin.
  **b.** Un bel assortiment de bouteilles, tubes et pots.
  **c.** Un assortiment poisseux de bouteilles, tubes et pots.
  **d.** Rien, sauf la lumière du soleil qui filtre à travers les carreaux qui brillent.

3 *Que signifie pour vous l'expression nettoyer la maison ?*
  **a.** Récurer, désinfecter et passer l'aspirateur.
  **b.** Ramasser les jouets, ranger les choses et en général mettre de l'ordre.
  **c.** Cela veut dire que vous êtes sur le point d'être invitée à un match de hockey. Alors, vous pouvez toujours courir !
  **d.** C'est une épopée de six heures qui sous-entend l'emploi de multiples gadgets et produits de nettoyage spécialisés.

4 *Quelle est la question que vous aurez le plus tendance à poser ?*
  **a.** « D'où vient cette odeur ? »
  **b.** « D'où sort ce tas de trucs ? »
  **c.** « Est-ce que cette odeur vient de ce tas de trucs ? »

**d.** «Je ne sens plus le parfum de citron du produit de
dépoussiérage. C'est le moment de faire le ménage!»

5 *Quel rapport entretenez-vous avez les choses matérielles?*
   **a.** J'aimerais en avoir moins et j'essaie d'acheter uniquement
   les choses dont j'ai absolument besoin, mais j'ai
   l'impression de ne pas avoir de contrôle là-dessus.
   **b.** La maison est probablement trop pleine de trucs, mais
   tout est toujours à sa place.
   **c.** J'ai un jour perdu un enfant dans un tas de babioles.
   Heureusement, j'ai pu le repérer à ses cheveux roux!
   **d.** Certains moines tibétains possèdent davantage de biens
   matériels que moi.

## Clés des réponses

**A en majorité. Pierrette la proprette.**
Vos planchers sont si propres qu'on pourrait manger dessus.
Par contre, vous ne trouvez pas toujours la table de cuisine.

**B en majorité. Dorothée l'ordonnée.**
Cela vous est égal si les cadres des tableaux sont poussiéreux,
pourvu qu'ils soient alignés.

**C en majorité. Monique la bordélique.**
Vous êtes presque sûre que vous êtes née sans le gène du
ménage.

**D en majorité. Alix la perfectionniste.**
Vous défiez quiconque de se prêter au test du gant blanc
dans votre maison. En fait, vous fournissez même le gant
fraîchement lavé.

## Le ménage

Si c'est la poussière qui vous déprime, un peu d'époussetage suffira à vous remonter le moral. Faire le ménage est difficile parce que c'est quelque chose que nous devons faire par obligation. Pour vous aider, j'ai regroupé quelques tactiques que je trouve utiles. Choisissez une de ces tactiques et voyez ce qui se produit. Selon moi, elle deviendra une habitude, vous vous sentirez bien et vous serez prête à en adopter une autre.

**Restez en mouvement.** Il est plus facile de faire le ménage par petites tranches courtes, mais fréquentes, que d'essayer de trouver une heure entière pour le faire (et ensuite, devoir affronter une maison qui a l'air d'un laboratoire). Regardez les choses en face : dès que vous vous installez sur le canapé pour regarder votre émission préférée, vous êtes foutue ! Imaginez dans votre esprit de quoi vous voudriez que votre salon ait l'air avant de vous affaler sur le sofa.

**Essayez le mode multitâche.** Vous pouvez essuyer les traces de doigts sur le réfrigérateur pendant que vos enfants finissent leur petit-déjeuner et leur faire épeler des mots pendant que vous essuyez les plans de travail (et qu'ils font de nouvelles traces de doigts sur le réfrigérateur).

**Au téléphone.** Essayez d'accomplir une tâche que vous avez beaucoup évitée pendant que vous êtes au téléphone. C'est incroyable à quel point il devient plus supportable de s'attaquer à la saleté pendant que l'on papote avec une amie. En investissant dans un casque d'écoute sans fil, vous pourrez laver la cuvette des toilettes. Si vous n'avez pas envie de parler, servez-vous du casque d'écoute pour écouter de la musique !

**Tout dans la même brassée.** À moins que vous ne vouliez laver du linge délicat ou des couleurs foncées et des vêtements neufs qui vont probablement déteindre, pas besoin de faire des lavages séparés.

# À jeter

Il est parfois difficile d'accepter que les choses qui nous entourent devraient peut-être se trouver ailleurs. Cependant, posséder moins de choses conduit à plus de paix ! Il vaut mieux se débarrasser des articles inutiles, qui coûteraient trop cher à réparer ou qui sont trop vieux.

Jetez ou recyclez ces articles dès maintenant :

1 les piles de cartons d'invitation et de dépliants concernant des événements passés ;

2 les brosses à dents usées ou les peignes ayant perdu des dents ;

3 les denrées alimentaires périmées, comme ce chutney exotique à la mangue et au thym du panier-cadeau que vos collègues vous ont offert il y a... trois ans ;

4 les chaussettes qui ont perdu leur compagne ;

5 les bons de réduction périmés.

# À donner

S'il vous est difficile de vous débarrasser des choses par sentiment ou parce qu'elles sont encore bonnes, rappelez-vous que, en les donnant, vous permettrez à quelqu'un d'autre d'en bénéficier.

Rassemblez ces articles dans une boîte et donnez-les :

1 les vêtements qui ne vous vont pas ou qui ne sortent jamais du placard ;

2 les cadeaux que vous n'avez jamais aimés ;

3 les animaux en peluche qui dorment sur l'étagère du placard ;

4 les réalisations artisanales, mais qui se contentent de ramasser la poussière ;

5 l'électroménager non utilisé.

**Essuyez l'évier et les lavabos une fois par jour.** Le fait de voir un évier et des lavabos propres chaque fois que vous vous lavez les mains est un bon et rapide remontant. Gardez vos produits de nettoyage dans la cuisine et la salle de bains. Vous pourrez ainsi aisément essuyer n'importe quelle surface qui en a besoin, comme la flaque de pipi près de la toilette.

**Faites-le, un point c'est tout !** Si vous vous dites que vous devez épousseter les abat-jour cette fin de semaine, il y a des chances pour que bien des choses se présentent d'ici là et que cet époussetage soit relégué aux oubliettes. Alors, pourquoi ne pas saisir un chiffon et régler ça dès maintenant ?

## Maîtrisez le désordre

Avertissement : je ne vous conseillerai pas de vous débarrasser de tous vos trucs personnels. Je vous incite seulement à minimiser et à ranger les choses que vous aimez afin que vous puissiez en profiter et à y penser à deux fois avant de grossir votre collection.

Si vous êtes comme moi, le désordre peut vous déprimer. La bonne nouvelle, c'est que l'organisation des choses qui sont visibles et que vous utilisez chaque jour peut aider au moral. Il ne faut pas plus de temps pour suspendre vos clés à un crochet qu'il n'en faut pour les jeter sur la table. La première option aide à garder la maison en ordre. La seconde ajoute au désordre.

**Instaurez des habitudes lors du retour à la maison.** Si votre maison a l'air d'un désastre et que vous ne savez pas par où commencer, l'instauration de telles habitudes pourrait être une première étape aisée. Ces habitudes pourraient consister à pendre les manteaux et les vestes (envisagez de visser des crochets à hauteur d'enfant près de l'entrée), à aligner les chaussures près de la porte et à déposer votre sac à main (avec vos clés dedans), les sacs à dos, les boîtes à repas et autres articles dans des endroits désignés. Habituez vos enfants à ces gestes pour qu'ils deviennent automatiques.

**Laissez une corbeille dans chaque chambre.** Déposez-y les choses qui devraient être ailleurs dans la maison. Habituez vos enfants à rapporter les paniers et à y chercher leurs effets personnels égarés.

**Allégez votre fardeau.** Si vous êtes ensevelie sous toutes sortes de trucs, visitez chaque pièce de la maison avec un sac à déchets et essayez de le remplir de choses à donner à une friperie. Répétez l'activité chaque semaine jusqu'à ce vous sentiez que vous avez les choses sous contrôle. Par la suite, ayez toujours un sac à friperie sous la main.

**Faites attention à ce que vous laissez entrer chez vous.** Si vous partez faire vos courses dans un grand centre commercial et que vous ramenez des sacs remplis d'autres choses parce que vous n'avez pas pu résister, vous n'avez pas économisé d'argent. Profitez seulement des promotions sur les jouets ou l'équipement sportif si vous ou vos enfants êtes sûrs de vraiment vous en servir. *Idem* pour cette machine à pâtes fraîches. Même chose pour cette boîte de lasagnes en solde qui vous attire tant alors que vous avez déjà une panoplie de nouilles dans le garde-manger !

**Attendez quelques jours avant d'acheter.** Si quelque chose vous tombe dans l'œil, essayez d'attendre un peu et méfiez-vous de l'impact des soldes !

**Soyez sans pitié pour balancer les créations scolaires.** Gardez certaines créations spéciales qui vous rappellent votre enfant, entre autres son premier portrait de famille ou encore des photos. Mais vous n'êtes pas obligée de garder toutes les statuettes de guimauve pour le restant de votre vie.

**Ne faites pas le ménage toute seule.** Il se peut que l'entretien ménager soit quelque chose de satisfaisant pour vous. Si c'est le cas, c'est magnifique. Par contre, il est plus probable que l'entretien ménager effectué en solo se traduira par une

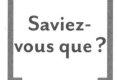

## Saviez-vous que ?

Presque 60 % des mères ramènent de la nourriture toute prête à la maison une fois par semaine ou plus. Cela ne fait pas de mal de s'épargner le récurage des casseroles de temps en temps !
*-Parenting.com*

accumulation de ressentiment, qui viendra à l'encontre du bonheur. Si vous pouvez vous le permettre, envisagez d'engager une femme de ménage. Cela revient moins cher qu'un conseiller matrimonial. Si vous avez une femme de ménage, ce serait une bonne idée de mettre un peu d'ordre avant son arrivée pour que rien ne soit déplacé. Mais n'en faites pas trop. Rappelez-vous que vous la payez pour faire la sale besogne.

### La collaboration

Tous ceux qui habitent dans la maison – conjoint, enfants, l'ami de votre fils qui est toujours chez vous – devraient aussi mettre la main à la pâte. Les corvées enseignent aux enfants à rendre la pareille, à aider les autres et à faire partie d'une équipe. Plus vous impliquez les membres de la famille à prendre soin de la maison, plus vous instaurerez un climat de bonheur, ce qui est après tout le but ultime.

Si vous avez de jeunes enfants, évitez d'avoir à renifler le lait qui a tourné en les habituant à mettre leur gobelet à bec dans l'évier. Les plus vieux peuvent s'occuper de corvées comme passer l'aspirateur, faire la lessive et sortir les ordures.

**Tirer des couvertures bien tendues au lieu de m'empêtrer les pieds dans des draps emmêlés me rend plus heureuse.**

Lorsque vous confiez des corvées à vos enfants, il est raisonnable de vous attendre à ce qu'ils fassent un boulot décent, mais pas un boulot parfait. Par contre, l'apprentissage de l'efficacité en matière domestique est une habileté pratique qui leur évitera peut-être de divorcer un jour.

### Conciliabules sur l'oreiller

Avant, je sortais du lit, regardais le paquet de draps et de couvertures emmêlés et me disais : « À quoi bon faire le lit ?

Je vais tout remettre en désordre ce soir. » Mais chaque fois que j'entrais dans ma chambre et que je voyais mon lit défait, j'avais envie de me recoucher. Alors, un jour, j'ai décidé de commencer à faire mon lit pour voir si cela faisait une différence sur mon humeur.

Il m'a fallu quelques semaines pour prendre l'habitude de faire mon lit chaque matin. Mais, rapidement, je me suis surprise à avoir envie de le faire. Pour moi, c'est comme déchirer une feuille de papier vierge dans un cahier, quelque chose de propre et de vivifiant, quelque chose qui annonce tous les possibles. Maintenant, peu importe de quoi a l'air le reste de la maison, ma chambre à coucher est toujours un havre accueillant. Et quand j'y reviens le soir pour me coucher, quelle satisfaction de tirer des couvertures bien tendues au lieu de m'empêtrer les pieds dans des draps emmêlés ! Cela me rend plus heureuse.

La tolérance des gens au désordre varie grandement d'une personne à l'autre. L'essentiel est de réfléchir au degré d'ordre et de propreté dont vous avez besoin afin de bien vous sentir dans votre foyer. Alors, embrigadez les membres de votre famille et commencez à ranger, préférablement, ce qui vous dérange le plus. Sous peu, vous comprendrez quels éléments de l'entretien domestique ont le plus d'impact sur votre humeur avec le moins d'effort possible. Une fois que ces gestes vous seront devenus habituels, vous serez plus heureuse dans votre chez-vous.

( Démarrage rapide facile )

Rangez vous-même 10 choses ou programmez le chronomètre pour 10 minutes et ramassez avec les enfants jusqu'à ce que la sonnerie se déclenche.

# 8

## prévoyez un programme

Je sais, je sais. Je me suis attardée à vous inciter à suivre le courant. Mais maintenant je vous livre un autre secret pour être une maman heureuse : *prévoyez un programme*. Je ne vais pas vous inciter à planifier chaque heure de votre journée ni chacune des cinq années à venir. Quand je parle de prévoir un programme, c'est dans le sens le plus souple possible.

Après tout, vous ne pouvez pas prévoir chacun des aspects de votre vie (repensez à vos projets d'adolescence : êtes-vous mariée à un des gars du groupe New Kids on the Block ?). Faites-moi confiance, la planification peut vous rendre plus heureuse. Pourquoi ? Pas parce que le processus est amusant, mais parce que vous avez ainsi une bonne idée de votre objectif et une idée plus ou moins précise de la façon dont vous allez l'atteindre. Vous aurez ainsi davantage l'impression de contrôler votre vie. Et quand on se sent plus en contrôle, on a plus confiance en soi, ce qui se traduit par moins d'inquiétude et plus de joie.

Il est aussi important d'apprendre à gérer votre temps de jour en jour que de planifier à long terme. La planification quotidienne a un effet plus immédiat sur l'humeur. Plus vous serez efficace dans l'emploi des heures et des minutes à votre disposition, plus vous disposerez de temps pour faire les choses que vous avez envie de faire.

Si vous commencez à paniquer et vous dites : « La planification, ce n'est pas mon fort », ne vous inquiétez pas.

Comprendre quelles sont vos tendances naturelles fait partie de la démarche qui vous permettra de maîtriser votre temps aujourd'hui (faire les courses) et plus tard (faire des économies pour votre retraite). La plupart d'entre nous excellent davantage soit à avoir une vue d'ensemble, soit à penser aux moindres détails. Mais les deux sont importants.

## Trouvez la meilleure façon pour vous de planifier

Il est plus facile de planifier si vous connaissez vos forces dans ce domaine. Vous pourrez ainsi renforcer vos points faibles. En faisant le test proposé un peu plus loin dans ce chapitre, vous pourrez déterminer de quel côté vous penchez en ce qui concerne la planification. Voyez-vous les choses en grand tout en échouant parfois à les concrétiser ?

Vous pourriez mettre la gomme sur les détails au bureau, mais y aller dans l'à-peu-près (quelque peu chaotique) à la maison, ou l'inverse ! Avant, je me considérais comme une personne axée sur les détails, mais j'ai réalisé que j'excellais seulement dans certaines sortes de détails, par exemple les fautes d'orthographe dans les bulletins d'information de l'école.

**Vous serez surprise de découvrir à quel point la planification peut rendre votre vie quotidienne plus heureuse.**

Lorsque vous planifiez à long ou à court terme, essayez de garder à l'esprit vos tendances naturelles, ainsi que les choses que vous oubliez fréquemment. Si aucun détail ne vous échappe (comme je vous envie), poussez-vous à penser plus grand (achetez-vous… un bateau). Si c'est le tableau d'ensemble votre truc, essayez de vous attacher davantage aux détails (faites une recherche, réalisez qu'un bateau coûte plus cher que votre maison et inscrivez-vous à un club de voile à la place).

# Q/R

## Quel genre de planificatrice êtes-vous ?

**Quand vous envisagez le futur, êtes-vous du genre à voir le portrait d'ensemble ou plutôt du genre à ne voir que les détails ?**

1   *Lequel des scénarios suivants est le plus susceptible de vous arriver?*

    **a.** Le câble est en panne. Vous appelez le service à la clientèle enregistré en composition automatique sur votre téléphone.

    **b.** Le câble est en panne. Vous passez l'heure suivante à fouiller dans la pile de courrier qui encombre le plan de travail de la cuisine pour vérifier si vous avez oublié de payer la facture. Encore !

    **c.** Le câble est en panne. Vous mettez un DVD pour les enfants. Pendant ce temps, vous cherchez le numéro du service à la clientèle.

2   *Comment vous sentez-vous lorsque vous pensez à vous dans 10 ans?*

    **a.** Rien ne vous vient. Il se passe tellement de choses dans le présent (trois enfants, un conjoint, une fille au pair, un chien et un emploi à temps plein) qu'il vous est difficile de penser à l'année prochaine, sans parler du reste de votre vie.

    **b.** Vous êtes enthousiaste. Il vous reste tellement de beaux projets à réaliser plus tard, quand vous aurez fini de distribuer des autocollants à votre bambin qui fait des progrès sur le pot.

    **c.** Vous avez une bonne idée d'où vous aimeriez en être, mais vous gardez à l'esprit qu'un détail (comme l'université où votre enfant a fait une demande d'inscription ou le rendement de vos fonds communs de placement) pourrait changer la donne.

3   *Un pneu de votre fourgonnette explose sur l'autoroute.*

    **a.** Vous êtes préparée. Vous avez une carte de membre du CAA, un cric, et vous savez vous servir des deux.

**b.** Vous êtes énervée. Emmener les enfants en promenade paraissait être une bonne idée. Mais maintenant, vous n'êtes pas sûre d'avoir un pneu de rechange. Et où est ce fichu manuel d'instructions ?

**c.** Vous êtes contrariée, mais vous restez calme. C'est certain, vous n'avez pas le numéro du remorqueur, mais vous disposez d'un téléphone portable chargé.

4  *L'heure est venue de choisir une garderie pour votre enfant de trois ans. Comment vous y prenez-vous ?*

**a.** Vous avez rempli un tableur de toutes sortes de données possibles concernant une douzaine de garderies dans un rayon de trois kilomètres.

**b.** Le petit édifice au bout de la rue remporte le vote. Bon, vous ne savez pas ce que les enfants font toute la journée ni combien ça coûte, mais quelle adorable murale d'enfants souriants a été peinte sur le mur !

**c.** Vous avez fait vos recherches et vous avez une bonne idée des programmes éducatifs qui correspondent le mieux aux besoins de vos enfants. Le moment est venu de tenir compte de la logistique, entre autres des horaires de cours, mais vous ne vous attarderez pas aux menus détails.

5  *Laquelle des trois choses suivantes pourrait le plus vous arriver ?*

**a.** Vous passez des heures à découper les bons de réduction pour finir par réaliser que vous avez gaspillé une autre heure pour économiser quelques cents sur une boîte de céréales.

**b.** Vous êtes si fière d'avoir apporté des sacs à provisions écologiques que vous avez oublié ce que vous étiez venue acheter.

**c.** Vous laissez tomber les bons de réduction, mais vous vous souvenez des éléments figurant sur votre liste d'achats. Ensuite, vous faites de votre mieux pour choisir des articles en promotion.

### Clés des réponses

**A en majorité. L'obsédée des détails.**
Dans la maison, c'est un atout énorme d'avoir une maman organisée et efficace, mais de temps en temps essayez d'oublier votre liste quotidienne de choses à faire, ou ce calendrier où toutes les activités du mois de la smala peuvent se voir d'un coup d'œil, pour prendre le temps de rêver, de planifier et d'économiser pour le futur.

**B en majorité. La spécialiste du tableau d'ensemble.**
Vous gardez votre attention sur l'objectif qui se trouve à plus ou moins grande distance, comme cette sympathique fête d'enfants que vous donnerez le mois prochain. Ce sont les détails qui continuent de vous faire des crocs-en-jambe. Vous aimeriez que Hallmark invente une carte avec écrit dessus « Désolée, j'ai malencontreusement prévu deux rencontres le même jour ».

**C en majorité. L'impératrice de l'équilibre.**
Oui, vous avez peut-être égaré l'acte de naissance de votre enfant, mais vous aviez prévu suffisamment de temps pour en commander un nouveau. Votre vie n'est peut-être pas planifiée à la nanoseconde dans un tableur Excel, mais vous vous en tirez très bien pour garder les choses sous contrôle.

Êtes-vous surprise de ce que vous avez appris sur vous grâce à ce test? Il est facile de nous en tenir à une idée biaisée de nos forces. Il s'avère que, la plupart du temps, j'excelle en ce qui concerne le portrait d'ensemble, mais que je fais piètre figure pour la mise en pratique. Il est facile pour moi d'engouffrer cinq enfants dans la fourgonnette pour aller au lac pour la journée. Par contre, me souvenir d'emporter le sac à couches est une question plus délicate. En ce qui vous concerne, ce pourrait être le contraire. Vous pourriez être plus à l'aise d'établir un grand plan d'ensemble avant de passer à l'action, si jamais vous réussissez à mettre le pied dehors! Quel que soit votre style, il importe avant tout de mettre de l'avant vos forces, mais aussi de renforcer vos points faibles. Je sais que certaines d'entre vous s'opposeront à l'idée qu'efficacité égale bonheur. Mais si vous essayez un peu, vous verrez que c'est réellement le cas!

## Le fonctionnement au jour le jour

Vous devez savoir où je veux en venir maintenant! Celles d'entre vous qui sont plus portées à improviser pourraient tirer avantage d'un peu plus de structure dans leur vie. Pensez à quel point vos enfants sont heureux quand ils savent à quoi s'attendre. J'ai réalisé que, une fois que mes enfants ont pris une habitude, ils ne rechignent pas. Il faut parfois faire des exceptions (consultez le chapitre 6 pour apprendre à devenir plus flexible), mais si les choses changent constamment, les enfants en concluent que tout peut être remis en question.

Si vous résistez encore à l'idée d'orchestrer vos journées, commencez par dresser une liste des choses qui font partie de votre journée moyenne, du lever au coucher. Maintenant, essayez de voir quand vous pouvez faire toutes ces choses obligatoires, en tenant compte de celles qui sont immuables.

**Une tartine grillée avec du beurre d'arachide et une tasse de thé le matin figurent sur ma liste de choses non négociables.**

Essayez de ne pas négliger vos besoins et vos désirs (pour savoir comment mieux prendre soin de vous, consultez le chapitre 9). Ce sera peut-être la lecture du journal qui sera votre moment « Ne pas déranger maman maintenant ». Lorsque vous connaissez vos besoins et vos désirs, vous pouvez dresser la cartographie

# { Entre mamans }

« Je pense que mes enfants se comportent mieux parce que leur routine rend tout plus prévisible. Il y a des moments prévus pour aller au supermarché, d'autres pour aller jouer au parc ou d'autres encore pour aller choisir des bandes dessinées à la bibliothèque. Je peux m'attendre à un bon comportement de leur part parce que je sais qu'ils en sont capables à certains moments donnés. Par contre, je ne les emmènerais jamais faire des courses à l'heure des repas ou de la sieste ! »
-Mama22

officieuse de vos journées. Celle-ci sera pratique par la suite lorsqu'il sera question de ménager du temps pour vos intérêts et de partager les corvées avec votre conjoint.

Il y a plusieurs éléments à prendre en considération lorsque vous entreprenez vos activités. À quel moment de la journée votre niveau d'énergie est-il le plus élevé ? Ce serait peut-être le temps idéal pour aller au parc, où vous savez que vous pousserez votre enfant sur la balançoire pendant au moins une heure. Choisissez le moment où vous vous sentez l'esprit le plus vif pour régler vos factures. À quelle heure tout le monde est-il énervé et fatigué – vous y compris ? Peut-être pourriez-vous envisager une pause tranquillité, où vous tamisez les lumières et lisez avec vos enfants un livre que vous trouvez tous apaisant.

Si vous découvrez qu'une activité vous donne toujours l'impression d'être une corvée extrême, c'est peut-être la faute du moment de la journée où vous vous y attelez. J'ai réalisé il y a quelques années que j'éclatais en pleurs quand j'aidais mon fils à faire ses devoirs de mathématiques. Nous faisions ses devoirs juste avant d'aller au lit, moment où mes réserves mentales et émotionnelles sont aussi à sec que les érables au mois de mai. En déplaçant les devoirs l'après-midi, je me suis sentie beaucoup plus saine d'esprit. Expérimentez jusqu'à ce que vous trouviez un rythme quotidien qui vous semble juste. Ensuite, tenez-vous-y, jour après jour, jusqu'à ce que tout le monde dans la maison y soit habitué.

De temps en temps, ce rythme aura besoin d'être rajusté. Votre bambin manque une sieste, la saison de football commence ou vous partez en vacances et vous souffrez du décalage horaire en revenant. Chez nous, en été, l'heure du coucher se transforme en une litanie de jérémiades et je ne suis pas certaine que tout le monde prenne son petit-déjeuner le matin. Mais ce n'est pas grave. Je peux ramener l'ordre en remettant à l'œuvre les éléments de notre routine, un à la fois. Et quand nous savons de nouveau à quoi nous attendre, toute la maisonnée se sent plus calme et plus heureuse.

## Gérer les priorités

Bien entendu, le rythme de vos journées vous satisfera davantage si vous rayez quelques éléments de votre liste au lieu de passer votre journée à vider le lave-vaisselle ou les paniers de linge sale de tout un chacun. Inspirez-vous du monde des affaires et des gourous de la gestion du temps. Ce qu'ils savent peut être appliqué aussi bien à la maison qu'au travail, pourvu que vous ménagiez de la place pour les urgences.

**Vous n'avez pas besoin du dernier dispositif numérique à la mode. Ce dont vous avez besoin, c'est de trouver le système qui fonctionne pour vous.**

Un truc pour mieux gérer son temps, c'est la règle des deux minutes. Si vous trouvez quelque chose qui prend moins de deux minutes à faire, faites-le tout de suite. Vous vous sentirez satisfaite et soulagée de ne pas avoir à y repenser par la suite.

Régler illico les petites choses abolit le désordre. Mettre le linge plié dans les tiroirs ne prend que quelques secondes de plus que de le déposer sur le dessus de la commode. Même chose pour les articles de recyclage.

Voici un autre conseil : si vous vous sentez dépassée ou bloquée, demandez-vous simplement quelle est l'étape suivante. Faites en sorte que chaque étape soit précise et gérable. Par exemple, si l'anniversaire de votre enfant approche, commencez par acheter des cartes d'invitation avant de tout planifier de A à Z.

## Comment gérer votre vie

Avec les multiples corvées et événements au programme, il est impossible de mémoriser tous les détails. Si vous essayez,

# La trousse de secours

Une trousse de premiers soins, c'est formidable, mais qu'en est-il des trucs d'urgence à mettre dans votre sac à main ou dans votre voiture?

Je sais que vous avez un portable à portée de main, mais je vous conseille d'ajouter ce qui suit dans votre sac à main :

- un mouchoir en tissu propre. Pas seulement pour les nez, mais pour nouer autour d'un genou écorché, pour éponger la sueur, pour envelopper ce muffin de trop et le rapporter à la maison ;

- des lingettes humides pour bébés et un sac plastique. Avec ces deux articles, vous pouvez nettoyer presque n'importe quoi ;

- des collations d'urgence, pour les affamés ;

- des épingles de sûreté. Vous ne savez jamais quand une fermeture éclair cassera. Sans compter que ces épingles transformeront n'importe quelle couverture en cape de super-héros.

Gardez les articles suivants dans votre voiture (comme la roue de secours et le cric) :

- GPS. Bien pratique pour retrouver rapidement son chemin ;

- des serviettes de papier, une couverture et une serviette de bain.

- des vêtements de rechange pour vous.

vous serez constamment stressée et certaine d'oublier quelque chose, sans jamais savoir exactement quoi.

Les mamans super organisées et les cracs de l'informatique pourraient se moquer de ce que je fais pour garder le contrôle. À part le calendrier, où tout est visible mois par mois et sur lequel je note rendez-vous et échéances, je gribouille mes corvées et mes pensées quotidiennes dans un cahier. J'y inscris les rendez-vous de la journée, les corvées et les rappels (Utiliser les poitrines de poulet avant mercredi). Je dresse ma liste le dimanche et je la passe en revue chaque soir. Je raye ce qui a été fait. Ensuite, je tourne la page et je commence une nouvelle liste pour le jour suivant, liste qui sera un mélange des choses qui restent à faire et des choses qui s'ajoutent.

## La planification familiale

Un autre outil de planification très utile consiste en l'énoncé de mission familiale, ou au moins une discussion concernant vos valeurs et vos objectifs. Oui, cela semble un peu poussé. Non, vous n'avez pas à en faire part à quiconque. L'intention d'un énoncé de mission est de saisir les grands objectifs de la famille en fonction de vos priorités communes. Une fois que vous avez un engagement face à des buts communs, vous pouvez commencer à entreprendre les démarches concrètes nécessaires pour les atteindre. Soyez précise et inscrivez les corvées sur le calendrier.

**Vous saurez que vous avez trouvé le bon système quand vous l'utiliserez au lieu de l'éviter.**

Si vous décidez de vous engager dans de plus grands projets, dressez la liste des étapes et des échéances les concernant. Par exemple, si l'objectif est de passer du temps en plein air et que toute la famille veut courir cinq kilomètres ensemble, allez sur Internet et cherchez des courses devant se dérouler près

« Ne vous attendez pas à pouvoir ranger et nettoyer votre maison tous les jours. Cela n'arrivera pas. La cuisine et la lessive étaient mes deux corvées obligatoires quotidiennes. À part ça, je choisissais une autre chose à faire chaque jour au moment de la sieste des enfants. »
*-RIMommy*

de chez vous. Inscrivez-vous. Procurez-vous l'équipement approprié pour chacun. Lancez un programme d'entraînement. Et fêtez cela ensemble une fois que la ligne d'arrivée aura été franchie.

En ce qui concerne les objectifs avec échéance, vous pouvez établir votre planification à partir de l'événement et remonter dans le temps. Disons que vous voulez aller en vacances à Disneyland avant que votre benjamin entre à la maternelle, l'automne prochain. Combien d'argent aurez-vous besoin d'économiser ? À quels autres détails aurez-vous besoin de vous attaquer ? Essayez de répartir les tâches sur les mois précédant l'activité en les indiquant sur votre calendrier.

Étant donné tout ce avec quoi les mamans doivent jongler, les programmes préétablis ne se dérouleront jamais parfaitement la plupart du temps. Une journée ne comptera toujours que 24 heures, mais accomplir tout ce qui figure sur votre liste d'activités obligatoires (sans parler de celles que vous aimeriez faire par plaisir) en exige toujours au moins 26. Et quand vous avez enfin trouvé une routine fiable, il y a de bonnes chances pour que quelque chose change.

**Tout d'abord, il y a le problème qu'une journée ne compte que 24 heures. Ensuite, le moindre changement viendra tout mettre en l'air.**

### Changez votre rythme

Si vous vous sentez déjà dépassée par les événements et désorganisée, la lecture de ce chapitre vous donnera peut-être envie de vous recroqueviller, de préférence avec une couverture et un lapin en peluche à portée de main. Mais courage ! Il vous suffit de quelques infimes et faciles étapes pour commencer à cheminer vers vos objectifs de la journée et ceux à long terme. (N'oubliez pas : le grand objectif, c'est vous, en plus heureuse !)

**Vous vous rappelez votre liste de choses à ne pas faire ?** Jetez-y un œil. Si vous n'en avez pas encore dressé une, mettez-vous-y dès maintenant. Elle vous aidera à vous concentrer sur les choses que vous voulez faire.

**Consacrez cinq minutes à la planification.** Levez-vous plus tôt ou prenez un peu de temps pour consacrer cinq minutes à regarder votre calendrier, la liste des choses à faire et à vous préparer pour la journée.

**Pensez à une chose qui rendrait votre vie plus facile.** C'est ce que vous devez faire en premier lieu. Par exemple, si vous avez l'intention d'inventorier le contenu de votre garde-manger et que vous oubliez de le faire avant d'aller faire vos courses, vous réaliserez en revenant que vous avez maintenant 10 boîtes de haricots rouges en conserve et pas de papier hygiénique.

## L'avantage

En prenant ne serait-ce que quelques minutes pour dresser un plan et apprendre à gérer globalement votre temps un tout petit peu mieux, vous vous rendrez un grand service. Face aux nombreuses surprises que la vie vous réserve, vous vous sentirez équipée et calme. Et lorsqu'une urgence inévitable se présentera, vous ressentirez moins de panique sachant que vous avez ménagé du temps à cet effet.

Je ne vous dirai pas que cette planification sera à toute épreuve avec vos enfants. Planifiez de façon détendue et servez-vous de vos forces.

( Démarrage rapide facile )

Le dimanche soir, rassemblez tous les membres de la famille et passez en revue l'horaire de la semaine. Inscrivez au calendrier tout ce qui doit être fait dans la semaine, entre autres acheter un cadeau pour l'institutrice qui fête son départ.

# 9

## chouchoutez-vous !

J'ai toujours adoré lire. Enfant, j'allais au lit avec une histoire et je la terminais habituellement avant l'extinction des feux. Si je ne réussissais pas à la finir, je lisais sous les draps avec une lampe de poche jusqu'à la dernière ligne. À l'école secondaire, je lisais à la dérobée sous mon pupitre. La lecture pour le plaisir représentait l'équivalent d'un emploi à temps plein.

Quand j'ai eu des enfants et que mon temps libre a disparu, j'ai continué à lire, mais de façon ciblée et non plus par pur plaisir. J'ai passé en revue toutes les méthodes de naissance et d'allaitement au sein, le développement de l'enfant et la discipline. J'ai lu tellement de livres sur l'art d'être parent que je suis devenue une encyclopédie ambulante sur tout ce qui a trait aux enfants. Puis, un jour, j'ai été horrifiée de réaliser que je n'avais pas lu un seul roman depuis deux ans. Deux ans! Moi, qui avais consacré ma vie à en lire! Comment une si grande partie de mon identité s'était-elle ainsi trouvée remisée? Certes, mes enfants étaient devenus ma passion, mais une autre immense source de joie pour moi avait été éliminée.

Est-ce qu'une chose du genre vous est arrivée? Peut-être étiez-vous une passionnée de la musique pop et maintenant tout ce que le mot Gaga évoque chez vous, ce n'est pas une artiste avant-gardiste qui porte une robe faite de bulles, mais un enfant dans un bain de mousse. Ou peut-être aviez-vous l'habitude de faire de l'exercice tous les jours et maintenant les seuls moments où vous entraînez vos biceps sont ceux où vous soulevez votre enfant.

La maternité exige des sacrifices. Par contre, cela ne veut pas dire que nous devrions renoncer à nos intérêts et ambitions. Pensez un peu à la façon dont vous utilisiez votre temps libre avant de devenir mère et à ce que vous vous imaginiez faire dans le futur. Combien de vos passe-temps et de vos rêves d'avant la maternité ont survécu? Bien entendu, nos désirs changent avec l'âge et avec les enfants, c'est naturel, mais on ne peut pas être une maman heureuse si on laisse en permanence passe-temps et passions sur la touche.

Ce que vous rêvez d'entreprendre est important et mérite votre attention. Si vous ne réussissez jamais à trouver un moment pour vous chouchouter ou que vous vous sentez coupable de le faire, c'est que vous avez besoin de revoir vos priorités. Oui, il faut parfois être égoïste! C'est mon secret suivant pour trouver le bonheur en tant que mère. Faites le test à la page suivante pour découvrir ce qui fait obstacle à votre épanouissement personnel.

## Soyez un peu égoïste

Opinez du chef si vous avez déjà passé une soirée comme celle que je vais vous décrire. Vous avez prévu toute la journée un peu de temps libre pour vous, le soir, sous la forme d'une longue promenade au coucher du soleil. La nuit tombe peu à peu et la vaisselle sale dans l'évier vous interpelle. Elle ne vous dit pas: «Fais une belle balade», mais plutôt: «Où est le savon à vaisselle?» Pendant ce temps, votre mari a l'air épuisé sur le canapé et les enfants ont besoin de quelqu'un avec qui jouer. Vous vous dites alors que vous pouvez vous passer d'aller vous balader après tout. C'est un choix que les mamans font souvent. Mais c'est aussi en général le mauvais choix. Être un peu égoïste peut faire du bien. Beaucoup de bien.

Il peut s'avérer difficile d'accepter d'être un peu égoïste. La première étape, c'est de vous rendre au point où vous vous

# Q/R

**Qu'est-ce qui vous retient ?**

**Quelque chose fait obstacle et vous empêche de vous adonner à vos propres activités ? Pour cerner les obstacles les plus communs, choisissez l'énoncé qui vous parle le plus parmi ceux-ci :**

a  *Je veux suivre un cours de yoga, mais je sens que c'est moi qui devrais aider mon fils à faire ses devoirs tous les soirs.*

b  *Entre les enfants, le ménage et les moments passés avec mon mari, je me compte chanceuse si j'ai le temps de me raser les deux jambes.*

c  *Je rêve de retourner à l'université, mais je n'ai personne pour s'occuper des enfants pendant mes cours.*

d  *Chaque matin, je me lève avec l'intention de faire de l'exercice. Sans que je m'en rende compte, il est déjà 21 heures et je regarde la télé en grignotant des chips au sel et au vinaigre. Où est passée la journée ?*

e  *La dernière fois que j'ai mentionné que je voulais mettre sur pied une affaire, mon mari m'a dit qu'il aimerait devenir mannequin mais qu'il ne voyait aucun de ces deux souhaits se réaliser dans un futur proche.*

f  *J'aimerais bien m'inscrire à un centre de mise en forme, mais mon budget est limité. J'ai peur que mon enfant de trois ans ne puisse développer son potentiel artistique si je dois laisser tomber son atelier de peinture.*

## Clés des réponses

**Si vous avez choisi A ou F** Oubliez votre sentiment de culpabilité.

Vos enfants portent des chaussures de marque pendant que vous vous contentez d'une garde-robe plutôt «beurk» étant donné que vos fonds sont limités. Le moment est venu de vous asseoir à table pour manger, après vous être assurée que chacun a tout ce qu'il faut dans son assiette. Vous avez compris que vos enfants passent toujours en premier, même si cela implique qu'il ne reste rien pour vous. Vous n'avez pas encore trouvé la recette qui vous rende personnellement heureuse.

**Si vous avez choisi B ou D** Ménagez-vous du temps ou prenez votre temps.

Votre liste de rêves est longue mais vous pouvez compter vos minutes libres sur les doigts d'une main.

**Si vous avez choisi C ou E** Accrochez une pancarte «Besoin d'aide» à votre cou.

Vous manquez douloureusement de soutien. Demandez à votre mari d'arrêter d'être aussi négatif et sonnez le rassemblement des troupes, qu'il s'agisse de volontaires pour empêcher les enfants d'accaparer les touches du clavier quand vous travaillez au piano ou pour vous applaudir à la ligne d'arrivée de votre premier demi-marathon.

Il y a des chances pour que vous ayez choisi des réponses de plus d'une catégorie. Peut-être même des trois. Poursuivez votre lecture pour vous donner les moyens d'investir en vous, peu importe les obstacles.

« Je n'aurais jamais pensé être du genre à jardiner, du moins jusqu'à l'été dernier. J'ai commencé à faire pousser des herbes aromatiques vu que c'est ce qu'il y a de plus facile à cultiver. Dès que mon enfant est au lit, je jette un coup d'œil au jardin. J'adore voir les herbes aromatiques sèches dans ma dépense et savoir que je ne les ai pas achetées ! »
*-CajunCat743*

sentez à l'aise. Si vous êtes rongée par la culpabilité, il est difficile d'apprécier un film avec des amis.

Mesdames, le moment est venu de raisonner un peu. Tout d'abord, sachez que lorsque vous laissez vos enfants sous la garde d'une autre personne, vous leur faites une fleur à tous puisqu'ils passeront du temps ensemble. Tout comme vous aimez passer du temps seule avec vos enfants, ces derniers méritent de passer du temps seuls avec leur père, leur grand-mère, leur grand-père et toute autre personne qu'ils connaissent bien. Maintenant, un peu de maths. Si vous vous sentez coupable d'aller assister à un opéra en ville, dites-vous ceci : à quel pourcentage de la vie de votre enfant cette soirée correspond-elle ? À pas grand-chose ! Il importe également que les enfants apprennent à s'amuser entre eux. Par ailleurs, plus vos enfants vieilliront, plus ils voudront passer du temps avec des amis de leur âge ou seuls.

Vous donnez aussi un bon exemple. En mettant sur votre liste de priorités le temps à vous accorder – que ce soit pour faire de l'exercice, peindre, tricoter… – vos enfants apprendront à vous voir comme une personne à part entière, pas seulement comme la femme qui prépare des sandwichs. Ils apprendront grâce à vous à quel point il est important de prendre soin de soi, valeur que vous leur enseignerez de cette façon. Et quand ils seront parents à leur tour, ils se souviendront de l'exemple que vous leur aurez donné. D'ailleurs, à mesure que vos enfants grandissent, vous pouvez les impliquer toujours davantage dans vos passe-temps.

Commencez par consigner dans votre journal la façon dont vous utilisez actuellement votre temps. Pendant quelques jours, consignez la moindre activité et le moment où vous l'entreprenez. Une fois que vous avez une bonne idée d'où passent vos minutes, il peut clairement ressortir que certaines activités non essentielles prennent le pas sur le précieux temps

# Pour rester en santé

Je vous propose cinq choses obligatoires à faire pour préserver votre santé physique et être heureuse. Ces conseils peuvent sembler aller de soi mais, trop souvent, les mamans occupées les négligent.

**Le sommeil.** Fixez-vous une certaine heure pour aller au lit et tentez même d'aller vous coucher 10 minutes plus tôt. Et le dimanche après-midi, si votre enfant fait la sieste, faites pareil de votre côté, si vous pouvez vous le permettre.

**L'alimentation.** Prenez place à table pendant les repas quand vous le pouvez, mais faites des réserves d'aliments sains mangeables d'une seule main. Pensez aux noix, aux fruits secs, aux mélanges pour trekking, aux barres de céréales et aux bananes. Le yogourt en bouteille et les berlingots de jus de fruits ne sont pas seulement faits pour les enfants !

**Écoutez votre corps.** Vous prenez des rendez-vous avec le pédiatre pour vos enfants ? Alors, allez immédiatement voir votre médecin si vous avez mal quelque part.

**Lavez-vous les mains.** Et lavez-vous-les de nouveau. Il est difficile d'apprécier la vie quand on ne peut s'arrêter de tousser. Enseignez à vos enfants à bien se laver les mains aussi et faites-en une règle absolue dans la famille.

**N'interrompez pas vos activités.** Si vous faites déjà régulièrement un enchaînement d'exercices, ne vous arrêtez pas ! Celles qui n'en font pas peuvent glisser des activités physiques tout au long de leur journée : marcher, se garer dans la rue suivante, emprunter les escaliers… Ajoutez une activité qui vous est chère, comme la boxe française ou la danse classique.

que vous pourriez utiliser pour vous-même. Pensez à ce que vous pouvez mettre au rancart, réduire et déléguer.

## Maîtrisez le temps

Maintenant que vous avez mis de côté toute culpabilité, où trouver le temps pour faire les choses qui vous plaisent ? Prendre soin des enfants et les promener dans leur poussette peuvent représenter un emploi à temps plein. Les mères célibataires ont la vie encore plus difficile, car elles font presque tout, seules. Mais gardez à l'esprit que plus vous serez heureuse, plus votre famille le sera aussi. La prochaine fois que vous vous direz « J'aimerais bien avoir du temps pour… », voici quelques stratégies à utiliser pour y arriver vraiment :

Passez un accord avec vous-même : assumez ce que vous décidez d'entreprendre. Et allez de l'avant.

**Passez l'accord avec vous-même que vous assumerez
ce que vous décidez d'entreprendre.**

Les longues heures de liberté sont pour vous chose du passé. Par contre, vous pouvez faire beaucoup avec tous les petits blocs de 10 à 15 minutes dont vous disposez. Une année s'écoulera, que vous alliez courir ou que vous apportiez un dixième verre d'eau à votre bambin. Comment voulez-vous passer cette année ?

## Prenez un engagement

Si vous éprouvez de la difficulté à vous mettre en train, demandez-vous simplement quel est le premier pas à faire. Une fois qu'il est fait, les suivants viennent plus facilement.

Vous pourriez peut-être appeler tout de suite pour vous inscrire à un cours de kayak ou commander ce livre que vous mourrez d'envie de lire. Peu importe, vous serez très fière d'avoir mis le pied à l'étrier.

Et si vous arrivez à la maison et que vous préfériez vous glisser dans le lit avec les enfants au lieu d'aller à votre cours de taï chi, rappelez-vous que vous avez pris un engagement envers vous-même (et signé un chèque). Vous pourriez décider que vous irez à votre cours pour la première demi-heure. Il y a de fortes chances pour que l'heure passe vite et que vous vous sentiez en forme et satisfaite.

Pour garder les choses en mouvement, faites en sorte que votre activité devienne une habitude. Procurez-vous la version audio de la dernière biographie sortie sur le marché et écoutez-la quand vous attendez dans la voiture. Inscrivez votre cours de cuisine du mardi sur le calendrier et allez-y. Faites toujours votre ménage en premier le samedi matin. Oui, cela demande de la discipline. Mais plus vous persévérerez, plus cela deviendra facile pour tout le monde. Sous peu, les membres de votre famille agenceront leurs activités routinières en fonction de vous.

Si vous éprouvez de la difficulté à vous mettre en route, il se pourrait que vous soyez surmenée. L'énergie engendre l'énergie. Plus vous serez active et plus vous vous amuserez, plus vous serez motivée à persévérer. Si par contre vous ne réussissez pas à vous mettre en route, allez consulter votre médecin pour vous assurer que vous n'avez pas un problème de santé, comme une dépression ou un problème de thyroïde, deux maladies très répandues parmi les femmes. Ceci est particulièrement important pour les nouvelles mamans en raison du risque de dépression postnatale.

## Enrôlez votre conjoint

Commencez par vous assurer que votre conjoint comprend à quel point avoir minimalement une activité personnelle est

{ **Entre mamans** }

« À l'occasion, je laisse les enfants sous la garde de mon mari et sors ma petite Miata rouge à deux places. Je la décapote et je pars faire une virée en solo. »
-Eleonor

# Combattre l'ennui

Élever des enfants s'accompagne de beaucoup d'ennui mais il n'est pas nécessaire que vous y succombiez. Essayez donc les quelques remontants suivants :

**1** **Musclez votre cerveau.** En attendant la fin d'un cours de votre fils, lisez un article complet du journal, sans interrompre votre lecture pour aller vérifier vos courriels.

**2** **Passez à l'action.** Si vous avez de la difficulté à vous motiver, dormez dans votre justaucorps jusqu'à ce que l'exercice du matin fasse partie de votre routine.

**3** **Apprenez.** La maîtrise d'une technique nouvelle ou l'apprentissage de quelque chose remet le cerveau en fonction.

**4** **Changez de lieu.** Essayez de prendre l'air, de manger dans le jardin, de lire sur la terrasse, de faire une balade à vélo.

**5** **Faites semblant.** Si vous vous ennuyez, prétendez le contraire. Agir en prétendant que quelque chose est vrai est une façon puissante d'en faire une réalité.

important pour vous et à quel point vous êtes heureuse quand vous avez le temps de vous y adonner. S'il a l'impression que l'agenda de la famille est trop chargé, cherchez avec lui en quoi le réduire. Essayez de trouver des façons de faire équipe, pour que votre temps, mette moins de pression sur la famille. Par ailleurs, envisagez de demander à votre compagnon s'il aimerait lui aussi s'adonner à une activité et planifiez de manière que chacun de vous ait ses moments réguliers de plaisir.

## Demandez de l'aide à vos amis

Au chapitre 5, nous avons abordé l'importance d'un réseau solide d'amis et de membres de la parenté. Vous devez demander de l'aide et l'accepter. Voici comment:

**Soyez directe.** «Je veux suivre un cours de statistiques. Ma compagnie va couvrir les frais, mais j'ai besoin de quelqu'un pour garder les enfants.»

**Faites une demande précise.** «Pourrais-tu prendre les garçons pendant deux heures le mardi à partir de la semaine prochaine et jusqu'à Noël?»

**Rendez le même service.** «Je peux garder tes enfants le vendredi soir. Comme ça, toi et Jean vous pourriez sortir en amoureux!»

**Sollicitez des suggestions.** Parfois, les gens ne sont pas libres. Soyez courtoise, mais sollicitez des suggestions: «Je comprends. Connais-tu quelqu'un à qui je pourrais demander?»

## Vos désirs comptent

On attrape facilement l'idée que, nous, les mamans, ne sommes pas censées penser à nos propres besoins. Mais le fait de nous réserver du temps rend un grand service à nos conjoints et à nos enfants. Alors, faites les démarches nécessaires pour dépasser la culpabilité, trouver de l'aide et passer à l'action. Vous vous sentirez énergisée. Les autres apprécieront davantage votre compagnie. Et vous aimerez encore plus être une mère.

( **Démarrage rapide facile** )

Choisissez un passe-temps que vous aviez mis de côté et que vous aimeriez reprendre. Inscrivez la première étape à entreprendre à l'encre indélébile sur votre calendrier.

# 10

appréciez votre vie amoureuse

Mon mariage a atteint son point le plus bas à cause d'un biberon. Il était environ trois heures du matin et mon mari, Jon, dormait depuis des heures. De mon côté, j'étais tombée de sommeil juste une heure plus tôt. Isaac, notre second enfant, avait deux mois, et il fallait l'allaiter à toutes heures du jour et de la nuit.

Jacob, notre aîné, qui avait deux ans, est entré dans notre chambre en demandant : « Bib-o » (un biberon d'eau). J'étais dans un tel état de privation de sommeil que j'ai à peine pu rester éveillée le temps d'entendre sa demande. Il s'est mis à demander de plus en plus fort, ce qui risquait de réveiller le bébé, qui gigotait déjà dans le berceau près de notre lit. Jacob a continué de crier : « Bib-o ! Bib-o ! »

« Jon », ai-je chuchoté. Aucune réponse de sa part, si ce n'est le son de ses ronflements. Étendant ma jambe, je l'ai secoué avec mon pied. Il n'a pas bronché. « Jon ! », ai-je hurlé. Comment osait-il continuer à dormir alors que j'étais si fatiguée que je pouvais à peine me souvenir de mon nom ?

Poussant un lourd soupir, je suis péniblement sortie du lit, je me suis rendue d'un pas lourd vers la cuisine, j'ai préparé le biberon d'eau et je suis revenue en coup de vent dans la chambre. Les supplications de Jacob s'étaient transformées en hurlements et, elles avaient réveillé Isaac. La colère qui fomentait et bouillonnait en moi, a soudainement débordé et, tenant le biberon par la tétine et passant du côté du lit où Jon était couché, je lui ai donné un petit coup sur la tête avec le biberon en plastique. Mais j'ai instantanément compris que je lui avais donné plus qu'un petit coup. Il s'est levé d'un bond, se tenant la tête et gueulant. Les deux bébés pleuraient. Moi aussi. Je me sentais vraiment mal. Venais-je de me rendre coupable de violence physique, même si ce n'était pas mon intention? J'étais encore très en colère et, au fond de moi, je pensais que mon mari méritait ce coup.

## Séparation et réconciliation

Dix ans plus tard, quand je repense à cette nuit-là, j'ai le cœur gros. Cet événement a été le début d'un grand chagrin entre nous. Un peu plus d'une année plus tard, nous nous sommes séparés et nous avons divorcé. Mais la bonne nouvelle, c'est que, quelques années plus tard, nous nous sommes réconciliés et remariés. Nous avons eu d'autres enfants et tout va bien depuis. La situation pénible entre Jon et moi venait bien de quelque part. À l'époque, j'étais en colère contre lui pour un grand nombre de choses: parce qu'il ne voyait pas à quel point j'étais épuisée et débordée, il ne mettait pas la main à la pâte, il ne faisait pas ce que j'avais besoin. Bref, je m'attendais à ce qu'il me rende heureuse.

Au cours des deux années où nous avons vécu séparés, j'ai appris beaucoup sur ce qui a vraiment de l'importance dans le mariage et j'ai aussi appris comment ne plus jamais nous retrouver dans une situation pouvant nous amener à nous éloigner. J'ai réalisé que la plupart des gens sont fondamentalement de bonnes personnes mais qui commettent les unes comme les autres des erreurs. Parce que j'ai compris tout cela, je réussis aujourd'hui à maintenir le cap pendant les périodes difficiles. Avant que je vous raconte ce que j'ai appris d'autre pour que vous puissiez apprécier votre vie amoureuse, je vous suggère de faire le test qui suit. Il vous permettra de vous pencher sur l'état de votre relation.

# Q/R

## Pour le meilleur ou pour le pire ?

**Faites ce test pour découvrir si vous et votre tendre moitié pourriez bénéficier d'une petite mise à jour.**

1  *Il se dégage de votre enfant une odeur suspecte et le chien pleure devant la porte. Pouvez-vous compter sur votre conjoint pour vous donner immédiatement un coup de main ?*
   **a.** Sans aucun doute.
   **b.** Oui, à un moment donné, mais il faudra le pousser un peu.
   **c.** Non, à moins que vous le menaciez de jeter son BlackBerry dans le bocal du poisson rouge.

2  *Il est huit heures du soir. Comme par miracle, les enfants sont allés au lit sans rechigner, vous laissant vous et votre conjoint en tête-à-tête. Si une personne était présente, qu'entendrait-elle une demi-heure plus tard ?*
   **a.** Des froissements de draps.
   **b.** La télé.
   **c.** Des ronflements.

3  *Quel degré de priorité accordez-vous en tant que couple à passer du temps ensemble ?*
   **a.** C'est essentiel, comme manger, boire et savourer du chocolat.
   **b.** C'est un plaisir occasionnel, comme la possibilité de dormir six heures.
   **c.** C'est aussi important que de briquer le tableau de bord de ma voiture.

4  *Après avoir surpris les enfants qui jouaient en cachette avec leur Wii sans permission, vous interdisez les jeux vidéo pour une semaine.*
   **a.** Votre conjoint vous suit, même s'il estime que vous êtes un peu dure.
   **b.** Votre conjoint permet aux enfants de jouer quand vous êtes absente.
   **c.** Votre conjoint est le dernier à être au courant.

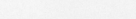

5 *De quelle façon vos disputes ont-elles tendance à se terminer?*
   **a.** Par toute une série de «Je suis désolé!» et de «Non, c'était
   de ma faute!» et par une séance de pelotage.
   **b** Cela peut vous prendre quelques heures, voire quelques
   jours, mais à un moment donné vous vous calmez, vous
   vous excusez et vous repartez du bon pied.
   **c.** Les disputes ne se terminent pas. Vous ramenez encore
   sur le tapis la seule méchanceté qu'il vous a sortie
   en un an.

## Clés des réponses

### A en majorité. La lune de miel.
Vous vous appelez encore par des sobriquets, n'est-ce pas? Soit
vous vous êtes rencontrés la semaine passée, soit vous avez pris
soin de votre relation avec une grande attention au fil des ans.

### B en majorité. À l'aise et bons compagnons.
Vous vivez ensemble en paix, mais passer du temps avec lui
se situe quelque part en dessous de la série *Mad Men*.
Ne vous inquiétez pas. Parfois, les relations sortent des rails.
Nos conseils peuvent vous aider à vous engager de nouveau.

### C en majorité. Seulement des camarades de chambre.
Toutes les relations passent par des accalmies, mais celle-ci
semble tourner à vide. N'appelez pas tout de suite le médecin
légiste. Même les couples sérieusement en froid peuvent se
retrouver s'ils essaient.

## Remettez les pendules à l'heure

Si jamais vous êtes déjà rentrée chez vous après une rare soirée passée entre filles et avez trouvé vos enfants courant partout dans la maison alors qu'ils devraient être au lit et que leurs vêtements sont tachés de sauce tomate, cette section s'adresse à vous. Oui, l'image de la mère qui fait tout dans la maison pendant que le mari se défile parce qu'il est beau et sait manier le lecteur de DVD est un stéréotype. Mais dans nombre de familles c'est péniblement le cas. De nombreuses études ont prouvé que ce sont les femmes qui assument la majeure partie des travaux ménagers, même si elles travaillent toute la journée à l'extérieur.

Pourquoi certains hommes semblent-ils si peu concernés par la vie domestique ? Essayez de ne pas prendre les choses personnellement. Cela ne veut pas automatiquement dire que votre conjoint est paresseux ou qu'il ne se soucie pas de vous. Il se peut qu'il veuille vous aider, mais qu'il ne soit pas certain de ce que vous attendez de lui. Ou encore, ses standards diffèrent des vôtres.

Cela ne veut pas dire que vous deviez jouer à la boniche ou à la martyre, car ces deux catégories ne contribuent pas beaucoup au bonheur ! Vous et votre conjoint devez évaluer très lucidement la quantité de travail que représente le soin des enfants et de la maison afin de pouvoir établir la meilleure façon de répartir les tâches. Il est bon également de vous mettre d'accord sur des définitions de base, entre autres sur ce que veut dire une cuisinière propre.

## Le partage des tâches

Dans certains chapitres précédents, je vous ai demandé de noter ce qui se passait. Cette petite étude donnera des résultats probants. Pendant une semaine, essayez de noter tout ce que chacun de vous fait dans la maison, sans oublier de prendre en note le temps que prend chaque tâche. N'oubliez pas le travail invisible, entre autres prendre les rendez-vous chez le coiffeur et courir après le plombier. Tenez également

# Les mamans sont-elles d'humeur à faire l'amour?

Lorsque les rédacteurs du magazine *Parenting* ont effectué un sondage auprès de plus de 1 000 mères, ils en ont entendu de toutes les couleurs quant à l'état de leurs relations maritales. Voici les résultats de ce sondage :

- La vie amoureuse d'une mère est le facteur qui a le plus d'influence sur son bonheur !

- Toutefois, 39 % des mamans interrogées ont indiqué qu'elles étaient insatisfaites de leur vie amoureuse.

- Seulement 35 % des femmes ont affirmé qu'elles avaient une vie amoureuse et sexuelle magnifique. Puis, 37 % ont dit que même si leur relation collait encore bien, les rapports sexuels avec leur partenaire étaient beaucoup moins fréquents qu'avant. Ensuite, 14 % des femmes ont précisé qu'elles et leur mari vivaient comme des compagnons de chambre plutôt que comme des amoureux. Pour finir, tristement, 7 % des femmes ont admis que la relation avec leur conjoint (rapports sexuels y compris) était partie à vau-l'eau.

- Parmi les femmes qui avaient 1 ou 2 enfants, 44 % ont déclaré que leur conjoint ne remarquait pas souvent ce qui devait être fait dans la maison ou avec les enfants. Ce pourcentage grimpait à 54 % quand les femmes avaient 3 enfants ou plus.

Ne baissez pas les bras et n'allez pas vous réfugier dans un couvent. Si vous travaillez sur les éléments contre lesquels les couples semblent le plus buter, votre relation ne sera plus morne, mais fantastique.

La plupart des femmes interrogées aiment leur mari, mais 42 % d'entre elles disent qu'elles dormiraient mieux s'il roupillait dans le canapé !
*-Parenting.com*

compte des choses qui devraient être faites mais qui passent habituellement entre les mailles du filet, comme nettoyer les filtres de la chaudière. Vous pourriez être surprise. Peut-être votre conjoint en fait-il plus en coulisse que ce que vous n'avez jamais réalisé et peut-être est-il le spécialiste non rémunéré en technologie de l'information. Lorsque vous verrez à quel point il collabore, votre moral pourrait remonter en flèche, surtout si vous éprouviez du ressentiment envers lui. Par contre, s'il s'avère que votre impression était la bonne, c'est-à-dire que vous mettez 40 heures de travail pour tenir la maisonnée, alors qu'il met sporadiquement la vaisselle sale dans le lave-vaisselle, essayez de ne pas le couvrir de réprimandes, car cela pourrait avoir l'effet inverse. Il est possible qu'il soit sincèrement surpris par la répartition inégale des tâches entre vous.

Une façon de composer avec cette situation, c'est de choisir ensemble, chaque semaine, une chose sur laquelle travailler. Assurez-vous d'exprimer votre appréciation lorsqu'il fait un effort (le renforcement positif, ce n'est pas seulement pour les enfants et les chiens). Gardez à l'esprit que l'équité ne se traduit pas obligatoirement par un partage 50-50. Votre charge de travail peut varier selon ce qui se passe dans votre vie. Ce qui importe, c'est que vous reconnaissiez tous deux ce que vous devez faire, que vous appréciez vos contributions respectives et que vous fassiez chacun l'effort de collaborer.

**Chaque fois que vous sentez que la situation a besoin d'un rajustement, soyez directe.**

Je suppose que vous avez choisi votre homme parce qu'il avait un grand sens de l'humour ou l'esprit vif, pas pour ses talents de devin ! Parlez-lui !

### Du côté de l'argent
Votre mari économise-t-il pour les mauvais jours alors que vous achetez ce parapluie à motif écossais Burberry et les bottes de pluie assorties ? Nous avons tous notre façon unique de gérer

nos finances et le bagage émotionnel qui accompagne cette réalité. Il n'est donc pas étonnant que les couples se disputent au sujet de l'argent. Une étude récente indique même que plus un couple se dispute au sujet de l'argent, plus il est probable qu'il se sépare.

L'argent est une question très chargée émotionnellement et je ne peux en aborder ici toutes les dimensions. Les disputes concernent souvent l'attribution des rôles en ce qui concerne le gain d'argent. Êtes-vous la personne qui ramène le plus d'argent à la maison ou la personne qui reste à la maison avec les enfants? Peu importe. Vous avez tous deux des droits et des responsabilités. Si vous ne voulez pas perdre le contrôle de votre trésorerie, je vous invite à en connaître les détails. Si vous éprouvez des difficultés financières, vous devriez lire des ouvrages sur la gestion de l'argent ou consulter un planificateur financier.

Quand il est question d'argent et pour que la relation de couple reste harmonieuse, il est plus important que jamais de parler et d'écouter l'autre respectueusement. Pour aider à réduire les tensions, vous pourriez instaurer un système que vous aimerez et utiliserez tous les deux (un tableur que vous partagerez, une date de paiement des factures ou une revue hebdomadaire de la situation). Je vous recommande aussi que chacun de vous dispose d'argent de poche que vous n'aurez pas besoin de faire entrer dans vos comptes.

## Gardez le contact

Pour bien des mamans, les rapports sexuels se font rare. Et pour les femmes, une telle réduction des rapports sexuels ne semble pas poser de problème grave. La période après la naissance et les hormones générées par l'allaitement peuvent rendre votre libido plus difficile à trouver que Charlie sur une image. Et lorsque vous êtes fatiguée, une partie de jambes en l'air peut arriver loin derrière une bonne nuit de sommeil. Et c'est bien comme ça, parfois, mais pas toujours.

{ **Entre mamans** }

« Nous sommes mariés depuis 14 ans et ma définition de l'amour a changé. Maintenant, je trouve mon mari romantique quand il s'occupe d'un enfant malade qui pleure au milieu de la nuit, quand il fait la vaisselle, quand il sort les ordures avant que la poubelle déborde, quand il propose de préparer un repas ou, ce que je préfère entre tout, quand il me laisse faire la grasse matinée le samedi! »
-Big-Mouth-Burgher

appréciez votre vie **129** amoureuse

# Votre conjoint marque-t-il des points?

**Attribuez-lui des points pour chacun des éléments suivants :**

1 Il vous remercie d'avoir préparé le repas.

2 Il débarrasse la table et met la vaisselle sale dans le lave-vaisselle.

3 Il est d'accord avec vous que six ans, c'est trop jeune pour regarder un film d'horreur.

4 Il donne le bain à votre enfant couvert de purée de pommes de terre dans le cou et plein de pâte à modeler dans les cheveux.

5 Il s'occupe de la question « Comment on fait les bébés ? »

6 À votre demande, il trouve un film pour vous deux, que vous regarderez plus tard ensemble.

# ... ou bien perd-il des points?

**Chéri perd à coup sûr des points dans les cas suivants :**

1 Il tasse les jouets pêle-mêle avec le pied en se rendant au canapé.

2 Il s'installe sur le canapé avec une bière et la télécommande.

3 Il regarde un match de football hors saison qu'il a enregistré et dont il connaît déjà l'issue.

4 Il ne réussit pas à trouver le pyjama de votre enfant qui se trouve dans le tiroir du haut depuis que ce dernier est né.

5 Il disparaît à sa dixième visite urgente au dépanneur du coin.

6 Il s'endort et ronfle.

On peut parier à coup sûr que votre amoureux ne voit pas les choses ainsi. Il est donc important de faire des compromis. Acceptez le petit coup vite fait bien fait dans la penderie ou réveillez-vous quelques minutes plus tôt pour surprendre votre conjoint avec son mode de réveil préféré. Et une fois de temps en temps, un soir où vous n'en avez vraiment pas envie mais qu'il semble désespéré, donnez-lui l'occasion de vous convaincre.

Si vos sorties en amoureux se résument à assister à des concerts, ne laissez personne vous dire qu'il s'agit d'une tragédie majeure. Quand vous n'avez ni le temps, ni l'envie, ni l'argent pour sortir en amoureux, pensez à d'autres façons de garder le contact entre vous sans quitter la maison. Mon mari et moi, nous aimons louer des DVD d'anciennes émissions télévisées et les regarder ensemble une fois que les enfants sont couchés.

Les chercheurs affirment que la nouveauté est le secret pour retrouver l'amour romantique. Adonnez-vous ensemble à des activités nouvelles et diverses. Même si un souper et un film constituent une belle habitude, ils ne vont pas réactiver les récepteurs cérébraux de l'amour. Passez à un niveau supérieur en allant faire du patin à glace, en suivant des cours de danse ou même en essayant un restaurant différent. En fait, tout ce qui est nouveau, stimulant et que vous aimerez tous les deux contribuera à rallumer la flamme.

## Pardonnez et oubliez

Le pardon ne compte pas vraiment si vous persistez à ramener sur le tapis la dispute du mois dernier, quand votre mari a oublié d'enfermer le chien dans sa cage avant de partir et que l'animal a transformé les pattes du canapé en pâte à papier. Si vous laissez ce mauvais souvenir mijoter en sourdine dans votre esprit, il va empoisonner chaque interaction entre vous et votre conjoint. Je ne vous dis pas de vivre dans le déni. Lorsque des problèmes maritaux importants se présentent, entre autres les dépendances, l'adultère, l'abus ou les comportements grossiers récurrents, il faut s'en occuper, pas les cacher sous le tapis. Mais vu que nous sommes des êtres humains et donc faillibles, nous commettons tous des erreurs.

Une fois qu'une gaffe minime a été abordée et que des excuses ont été faites, il faut la reléguer aux oubliettes. La responsabilité vous incombe de lâcher le passé. Par contre, si vous éprouvez de la difficulté à aller de l'avant, choisissez un moment où vous serez tous les deux très calmes pour en discuter.

Voici une autre munition très utile à ajouter à votre arsenal pour rendre votre relation de couple heureuse : l'art de l'excuse. Oui, il faudra parfois que vous ravaliez votre fierté. Oui, il faudra que vous abandonniez votre volonté de toujours gagner. Et pour que votre excuse ne semble pas manquer de conviction, pensez bien à ce dont vous vous excusez et soyez vrai. Si vous n'êtes pas désolée pour les gestes indélicats que vous avez faits ou pour les paroles acrimonieuses que vous avez proférées, ne faites pas semblant de l'être. Vous pouvez par contre être sincèrement désolée que le problème soit devenu un conflit entre vous.

**C'est stupéfiant à quel point une simple excuse peut être désarmante. La gratification qu'elle procure est bien plus puissante que le fait d'avoir raison.**

### Rendez-vous heureuse

Une de mes plus grandes erreurs au début de mon mariage a été d'attendre que mon mari me rende heureuse. Quoi que je voulais, vie sociale, sécurité financière ou un répit sans les enfants, je m'attendais à ce que ce soit mon mari qui me le procure. Il m'a fallu un certain temps pour réaliser que, même si Jon est bon causeur, bon pourvoyeur et bon père, il ne sait pas toujours exactement ce que je veux et il n'est pas toujours celui qui doit tout me donner. Je suis plus intime avec mon mari qu'avec n'importe qui d'autre, mais cela ne veut pas dire pour autant qu'il peut être tout pour moi, ou vice versa.

Il m'a aussi fallu un certain temps pour apprendre que si je voulais vraiment quelque chose, je devais me prendre en main pour l'obtenir ou au moins en faire la demande de façon claire. Si je voulais discuter des auteurs du 18e siècle, je devrais m'inscrire à un club de lecture. Si j'avais besoin de sommeil, au lieu de bâiller en espérant que Jon saisirait, je lui mettrais le bébé dans les bras et j'irais me coucher.

## Ne renoncez pas si vite

Il existe un fil conducteur dans chacun de ces conseils : la volonté de continuer à essayer. De nombreux mariages ne tiennent qu'à un fil quand il y a de jeunes enfants à la maison et il suffit d'avoir seulement l'idée de vouloir jeter le bavoir pour vous conduire vers la séparation. Gardez ceci à l'esprit : si vous vous séparez, vous devrez encore trouver le moyen de vous entendre pour rester des parents jusqu'à ce que votre enfant atteigne l'âge adulte. Et être un père ou une mère célibataire, ce n'est pas la joie.

Même sans le vouloir, nous nous blesserons tous les uns les autres de temps en temps. Mais croyez-moi, la propension à pardonner et le désir de tenir bon même quand votre homme va au magasin acheter du lait et revient avec tout sauf du lait (encore !) vous aideront à garder à l'esprit tout ce qui est bien dans votre relation : à quel point il aime jouer avec le bébé ou comment il prépare toujours le petit-déjeuner le samedi avant que vous vous leviez. Et plus votre relation sera solide, plus vous serez heureuse.

## (Démarrage rapide facile)

Si tout va de travers, adoptez le rituel des bisous pour dire *bonjour* et *au revoir* à votre conjoint.

# Tout est bien qui finit bien

J'ai eu mon premier enfant en 1997, à l'âge de 20 ans. C'était des années avant que soit inventée l'expression *blogue pour mamans*. Je naviguais pas mal dans le bonheur avec notre premier fils, Jacob, qui était facile. Mais avec, 22 mois plus tard, la naissance de notre second fils, Isaac, qui était beaucoup plus turbulent, notre système familial a subi un choc. Nous avions déménagé parce que l'emploi de mon mari l'exigeait. Je me suis donc retrouvée à passer de longues journées avec un bambin qui voulait jouer et un nourrisson qui ne voulait pas dormir. Nous vivions dans un appartement, au troisième étage, dans l'État du Minnesota, à des centaines de kilomètres des amis et de la famille. Au plus creux de l'hiver.

Saturée d'ennui et de solitude, j'ai concentré toute mon énergie sur un idéal exacerbé de la maternité, qui comprenait entre autres la conversion d'une chambre d'amis et la préparation de mon propre pain. Presque chaque instant, je pensais à mes enfants et je m'inquiétais de faire des choix qui pourraient peut-être les traumatiser à vie. Vous savez, comme leur servir accidentellement du jus qui ne soit pas 100 % pur fruit.

Pendant une année horrible, j'ai rarement pris un instant pour moi. Et, il fallait s'y attendre, je me suis retrouvée épuisée et malheureuse. Par ailleurs, mon mariage était devenu aussi glacial que le climat. Au cours de l'année 2000, mon mari et moi nous sommes séparés et nous avons divorcé un peu plus d'un an après.

Ma période en tant que mère célibataire m'a secouée et m'a fait sortir de la rengaine de la mère à plaindre. Davantage préoccupée par la nécessité de mettre quelque chose à manger sur la table que par le désir d'habiller mes enfants avec des vêtements en coton biologique, j'ai dû faire des choix que je n'aurais jamais imaginé faire en tant que mère. J'ai envoyé mes enfants à la garderie et je leur ai donné des collations déjà prêtes. Et les enfants s'en sont bien portés.

En adoptant un mode d'éducation plus détendu ressemblant à la façon dont ma mère nous avait élevés, mes deux frères, ma sœur et moi, je suis devenue beaucoup plus heureuse. J'ai pu apprécier mes enfants au lieu de les considérer comme une mission à accomplir brillamment. Il va sans dire que je tenais encore à imposer certaines règles même si elles étaient importantes pour moi et pas nécessairement pour les autres.

**Je suis une optimiste. Je sais qu'être mère peut parfois être ardu, mais je pense que les mamans peuvent être heureuses et méritent de l'être.**

Alors, au lieu d'être une corvée, un fardeau et le boulot le plus difficile du monde, la maternité est peu à peu devenue dans mon esprit une relation qui change tous les jours. Parfois, c'est fantastique et parfois, ça vous donne envie de vous arracher les cheveux. Mais, l'un dans l'autre, je suis devenue une mère heureuse.

Le droit à la parole des mères a fait du chemin depuis mes premiers enfants. En nous permettant de nous exprimer en ligne, les premiers forums et ensuite les blogues nous ont amenées à faire circuler de l'information sur les coliques, les pleurs, les crampes et les fluides corporels de toutes sortes. Et tout cela a été fantastique, en général. Les livres et les blogues sur la maternité ont davantage mis l'accent sur la « santé mentale » et la « survie » que sur le « bonheur » et le «plaisir». Plus je lis et plus je me dis que nous étions devenues si «vraies» que nous en avions oublié d'être heureuses en tant que mères.

Quand j'ai lancé mon blogue, TheHappiestMom.com, en 2009, j'espérais combler un vide et dire aux mamans qu'il est possible d'être heureuse. J'espérais que le fait de raconter mon épopée, qui est passée d'un état de crise à la satisfaction, inciterait d'autres mamans à faire de même.

Cette épopée a été une découverte de moi-même. J'ai appris comment je fonctionne et comment je déjante. J'ai également entendu d'autres mères raconter ce qui les rend comblées et ce qui fait obstacle à leur bonheur. Mes lectrices et moi nous sommes engagées dans une quête pour trouver plus d'optimisme et de satisfaction, et ce, pas seulement pour notre propre bien, mais aussi pour celui de nos familles.

Quand j'ai commencé à cerner ce que chaque maman peut faire pour rendre sa vie un peu plus aisée, j'ai voulu en faire part à un auditoire plus vaste, sous forme de conseils. Cela a été possible grâce à ma collaboration avec les rédactrices du magazine *Parenting*. Ensemble, nous avons regroupé les conseils pratiques les plus utiles et les avons combinés aux recherches faites sur le monde des mamans, et aussi grâce aux interventions de centaines de milliers de mamans sur Parenting.com. Le résultat est ce magnifique livre.

Je sais que vous êtes déjà super occupée et que la dernière chose dont vous avez besoin, c'est d'une obligation. J'espère que cet ouvrage vous incitera à mettre en pratique quelques conseils qui allégeront votre fardeau et vous détendront. Je souhaite que les exemples positifs que j'ai évoqués vous convaincront que vous n'êtes pas seule et que vous faites déjà du bon boulot. Et je parie que vous êtes heureuse de le savoir.

Meagan Francis

# Rédigez votre propre histoire.

**Sur ces pages, vous pourrez rêver, griffonner et noter vos découvertes. Ne vous inquiétez pas si elles finissent par être tachées de café et de chocolat. Elles sont à vous, rien qu'à vous.**

# index

# remerciements

D'abord et avant tout, je tiens à remercier mon éditrice, Elizabeth Dougherty, qui a cru en ce livre et qui a travaillé de concert avec les talentueuses équipes de Weldon Owen et de *Parenting* pour qu'il devienne réalité. Un grand merci à Elizabeth Anne Shaw, du magazine *Parenting*, pour son soutien, et à Deborah Skolnik, pour sa révision à se tordre de rire. Aussi, chapeau bas à Angela Williams, pour sa fantastique conception graphique.

Merci à mon groupe d'écriture. Mesdames, vous êtes plus agréables et efficaces qu'un bon soutien-gorge d'allaitement.

Chaque maman a besoin d'une tribu. Merci aux amies et aux membres de ma famille qui m'ont encouragée, qui se sont occupés de mes enfants pour que j'aie le temps d'écrire, qui m'ont servi de modèles de mamans heureuses et qui m'ont rendu un peu plus drôle.

Et merci à la communauté des mamans blogueuses et autres internautes qui me suivent depuis l'époque où j'aspirais à être le genre de mère parfaite qui tricote les couches de son bébé avec du poil de yack biologique. Je vous suis reconnaissante d'avoir continué à me suivre.

Merci à mon père et à ma mère, qui ne m'ont jamais donné l'impression qu'être parent est un fardeau. Même quand c'était le cas.

Merci à Jon de ne jamais aller au magasin sans rapporter quelque chose pour moi. Et d'y retourner si je change d'avis.

Et enfin, merci à mes enfants Jacob, Isaac, William, Owen et Clara, qui chaque jour me donnent cinq raisons d'être heureuse.

## Parfum d'encre

160, rue Saint-Viateur Est, bureau 404
Montréal (Québec) H2T 1A8

Éditrice : Marie Labrecque
Traductrice : Annie J. Ollivier
Réviseure : Monique Thouin
Correctrice : Sabine Cerboni
Graphistes : Olivier Lasser et Valérie Duquette

Parfum d'encre reconnaît l'aide financière du gouvernement du Canada
par l'entremise du Fonds du livre du Canada pour ses activités d'édition.
Parfum d'encre reçoit l'appui du gouvernement du Québec par l'intermédiaire
de la SODEC.

Parfum d'encre bénéficie également du Programme de crédit d'impôt pour
l'édition de livres – Gestion SODEC – du gouvernement du Québec.

**Catalogage avant publication de Bibliothèque et Archives nationales du
Québec et Bibliothèque et Archives Canada**

Francis, Meagan
Maman heureuse
Traduction de: The happiest mom.
ISBN 978-2-923708-68-3
1. Maternité. 2. Rôle parental. I. Titre.

HQ759.F7214 2013 306.874'3 C2012-942035-2

ISBN 978-2-923708-68-3

Imprimé en Chine

**Parenting.** Grand magazine américain destiné aux mamans, *Parenting* donne des conseils pratiques sur l'éducation des enfants, ainsi que sur le soutien émotionnel et l'interaction humaine dont les mamans ont besoin pour apprécier leur vie. Fondé en 1987, il compte aujourd'hui plus de deux millions de lecteurs.

**Meagan Francis.** Auteure de livres sur l'art d'être mère, blogueuse et éditorialiste, Meagan écrit également pour le magazine *Parenting*. Elle a participé à des émissions télévisées et figuré dans des articles du *New York Times*. Par ailleurs, elle travaille activement sur son blogue TheHappiestMom.com. Meagan a quatre fils et une fille, elle vit avec sa famille à Saint Joseph, au Michigan.

**Christine Carter.** Spécialisée dans tout ce qui a rapport au bonheur et connue pour donner des conseils fondés sur l'art d'être parent, Christine est sociologue au Greater Good Science Center à l'Université de Californie, à Berkeley. Elle est également l'auteure de *Raising Happiness: 10 Simple Steps for More Joyful Kids and Happier Parents*. Elle propose des cours en ligne sur l'art d'être parent à RaisingHappiness.com et siège au conseil consultatif de *Parenting*, le Mom Squad. Christine a deux filles et vit près de San Francisco.